职业教育·道路运输类专业教材

本书与主教材《桥梁工程检测》配套使用

U0793399

桥梁工程检测实训指导手册

孟丛丛　张　驰　主　编
王斯倩　钟建国　主　审

人民交通出版社
北　京

内 容 提 要

本手册配合主教材《桥梁工程检测》(孟丛丛、鄢真主编)使用,以胜任实际岗位工作为主线,聚焦主教材的10个项目,设计了回弹法检测混凝土抗压强度、混凝土碳化深度检测、超声回弹综合法检测混凝土抗压强度、超声波法检测混凝土缺陷及裂缝深度、冲击弹性波法检测混凝土内部缺陷及裂缝深度、混凝土中钢筋位置及保护层厚度检测、钢结构涂层厚度检测等20个桥梁工程典型检测项目的实训学习指导,内容包括具体实操、检测记录填写、检测报告编制等。根据工程实际案例,本手册进行了检测项目的优化组合,实训项目由浅入深,符合职业技能习得规律。

本手册适合职业教育道路与桥梁工程技术、道路工程检测、道路养护与管理等专业学生实训实习,也可供从事公路桥梁检测的工程技术人员、试验检测工程师岗前培训和自学使用。

图书在版编目(CIP)数据

桥梁工程检测实训指导手册/孟丛丛,张驰主编.—北京:人民交通出版社股份有限公司,2025.8

ISBN 978-7-114-19167-1

Ⅰ.①桥… Ⅱ.①孟…②张… Ⅲ.①桥梁工程—检测—手册 Ⅳ.①U446-62

中国国家版本馆CIP数据核字(2023)第233953号

职业教育・道路运输类专业教材

书 名:桥梁工程检测实训指导手册
著 作 者:孟丛丛 张 驰
责任编辑:刘 倩
责任校对:赵媛媛
责任印制:张 凯
出版发行:人民交通出版社
地 址:(100011)北京市朝阳区安定门外外馆斜街3号
网 址:http://www.ccpcl.com.cn
销售电话:(010)85285911
总 经 销:人民交通出版社发行部
经 销:各地新华书店
印 刷:北京科印技术咨询服务有限公司数码印刷分部
开 本:787×1092 1/16
印 张:8
字 数:199千
版 次:2025年8月 第1版
印 次:2025年8月 第1次印刷
书 号:ISBN 978-7-114-19167-1
定 价:20.00元

前言

Preface

本手册按典型工作任务的工程实施步骤来设计实训内容,包含仪器设备使用、现场实操、数据处理与分析、检测报告编制、典型案例分析等,突出教学内容的实用性和实践性,坚持以桥梁工程检测职业能力为本位,以应用为目的,以“创新”为要,满足职业岗位能力需要,适应课程教学综合化和模块化的特点,针对常规检测项目采用图文并茂的形式,引导学习者完成实践实训;针对复杂的检测项目,校内难以具体实操,将典型工程案例引入手册,使学习者根据实际工程案例分析提升岗位技能,走进桥梁检测领域,学习“桥梁医生”的工作日常,培养“桥梁医生”应具备的客观公正的职业责任、科学严谨的职业素养、精益求精的工匠精神、吃苦耐劳的优良品质,助力桥梁检测工程师的成长。

本手册配合主教材《桥梁工程检测》(孟丛丛、鄢真主编)使用,配有丰富的数字化产教融合资源(包括视频、动画、虚拟仿真实训资源、在线开放课程等),便于学生在实训学习时使用。

本手册由江西交通职业技术学院孟丛丛、张驰主编,周敏参编,江西省天驰高速科技发展有限公司、江西交通创新工作室领衔人王斯倩正高级工程师和广东盛翔交通工程检测有限公司正高级工程师钟建国主审。具体编写情况如下:工作任务一至工作任务九由江西交通职业技术学院孟丛丛编写;工作任务十至工作任务十六由江西交通职业技术学院张驰编写;工作任务十七至工作任务二十由江西交通职业技术学院孟丛丛、周敏编写。同时,江西交通职业技术学院张驰、周振华、周敏为项目实训拍摄了示教视频。

限于编者水平,书中不足之处在所难免,敬请读者批评指正。

编　者

2025年1月

目录

Contents

工作任务一　回弹法检测混凝土抗压强度

一、基本知识

1. 适用范围

适用于测定普通混凝土的抗压强度，不适用于表层与内部质量有明显差异或内部存在缺陷的混凝土强度检测。

2. 试验依据

《回弹法检测混凝土抗压强度技术规程》(JGJ/T 23—2011)。

二、仪具与材料

(1)混凝土回弹仪。
(2)酚酞酒精溶液。
(3)钢砧。
(4)手提式砂轮。
(5)其他：卷尺、钢尺、凿子、锤、毛刷等。

三、方法与步骤

1. 测区要求

(1)测区数量要求：①单个构件测试时，应在构件上均布测区不少于 10 个；②对同批构件进行抽样检测时，构件抽样不小于同批构件的 30%，且不少于 10 件，单件测区不少于 10 个；③受检构件某一方向尺寸不大于 4.5m 且另一方向尺寸不大于 0.3m 时，每个构件的测区数量可适当减少，但不应少于 5 个。工程中不同构件的测区布置示意图如图 1-1 所示。

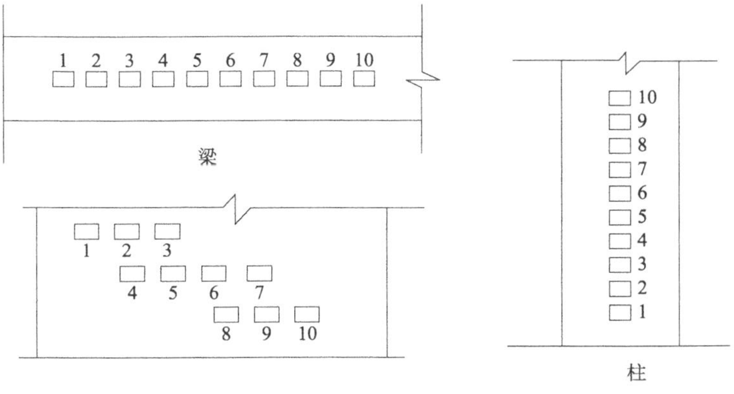

图 1-1　工程中不同构件的测区布置示意图

(2)测区布置要求:①测区均匀布置,相邻测区的间距不大于2m,测区距边缘不宜大于0.5m,且不小于0.2m;②测区应避开钢筋密集区和预埋构件;③测区面积不宜大于0.04m^2,推荐尺寸为20cm×20cm。图1-2所示为梁式构件测区布置示意图。

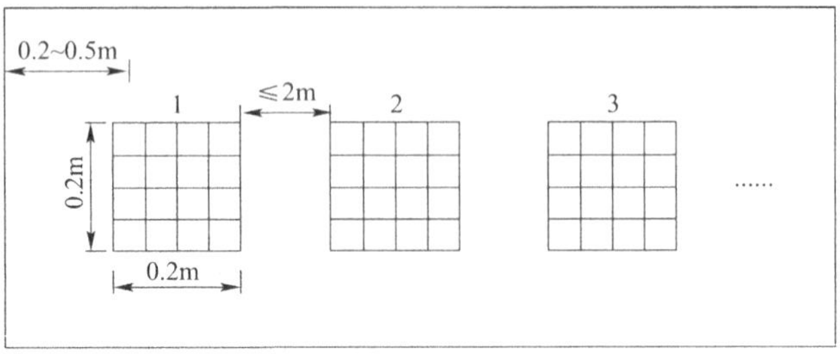

图1-2 梁式构件测区布置示意图

2. 试验步骤

(1)用混凝土回弹仪测混凝土结构表面的回弹值,同一测区的两个侧面用混凝土回弹仪测8个点,同一测区的单个侧面用混凝土回弹仪测16个点。工程中的回弹法测区及测点布置如图1-3所示。

(2)混凝土碳化深度的测试。选择有代表性的测区进行碳化深度测试,测点数不少于构件测区数的30%。碳化深度检测的具体步骤以及读数精度要求详见《回弹法检测混凝土抗压强度技术规程》(JGJ/T 23—2011)。

当碳化深度值极差大于2mm时,应在每一测区分别测量碳化深度值。工程中的碳化深度检测如图1-4所示。

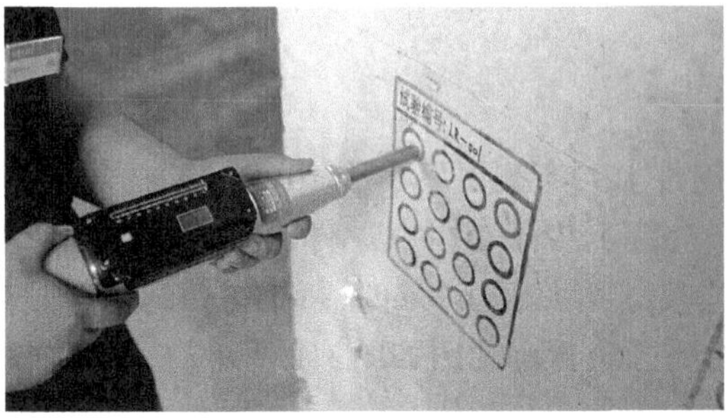

图1-3 工程中的回弹法测区及测点布置

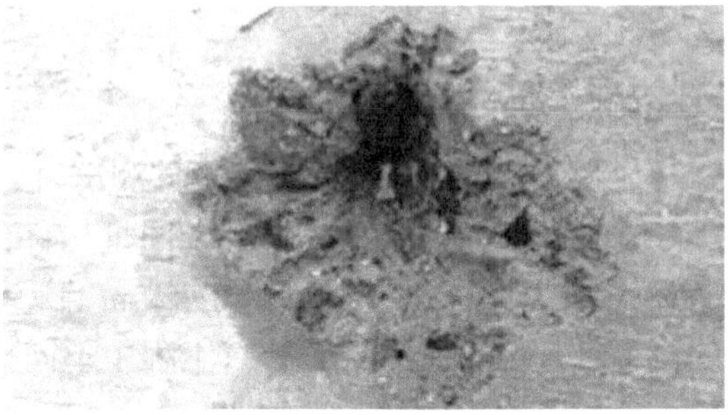

图1-4 工程中的碳化深度检测

四、数据处理与结果分析

详见《回弹法检测混凝土抗压强度技术规程》(JGJ/T 23—2011)。

1. 测区回弹值的计算

(1)计算测区平均回弹值

当回弹仪水平方向测试混凝土浇筑侧面时,应从每个测区的16个回弹值中删除其中3个最大值和3个最小值,取剩余10个回弹值的平均值作为该测区的平均回弹值,计算结果保留一位小数,计算公式如下:

$$R_m = \frac{\sum_{i=1}^{10} R_i}{10} \tag{1-1}$$

式中：R_m——测区平均回弹值，MPa，计算结果精确至0.1MPa；

R_i——第 i 个测点的回弹值，MPa。

(2)测区回弹值修正

①测试角度修正。

当回弹仪非水平方向测试混凝土浇筑侧面时，应将测区平均回弹值按下式进行测试角度修正。

$$R_m = R_{ma} + R_{\delta a} \tag{1-2}$$

式中：R_m——经非水平测定修正后的测区平均回弹值，MPa；

R_{ma}——回弹仪实测的测区平均回弹值，MPa；

$R_{\delta a}$——非水平方向检测时回弹值修正值，MPa。

②测试面修正。

当回弹仪水平方向测试混凝土浇筑表面或底面时，应先进行角度的修正，然后进行浇筑面修正，按下式进行修正：

$$\begin{aligned} R_m &= R_m^t + R_a^t \\ R_m &= R_m^b + R_a^b \end{aligned} \tag{1-3}$$

式中：R_m^t、R_m^b——水平方向检测混凝土浇筑表面、底面时，测区的平均回弹值，MPa，精确至0.1MPa；

R_a^t、R_a^b——混凝土浇筑表面、底面回弹值的修正值，MPa。

2. 结构或构件混凝土抗压强度的推定

(1)结构或构件测区混凝土强度平均值可根据各测区混凝土强度换算值计算。当测区数为10个及以上时，应计算强度标准差。平均值及标准差应按下列公式计算：

$$m_{f_{cu}^c} = \frac{1}{n}\sum_{i=1}^{n} f_{cu,i}^c \tag{1-4}$$

$$s_{f_{cu}^c} = \sqrt{\frac{\sum_{i=1}^{n}(f_{cu,i}^c)^2 - n(m_{f_{cu}^c})^2}{n-1}} \tag{1-5}$$

式中：$m_{f_{cu}^c}$——结构或构件测区混凝土强度换算值的平均值，MPa，精确至0.1MPa；

$f_{cu,i}^c$——结构或构件第 i 个测区混凝土强度换算值，MPa；

n——测区数，对于单个评定的结构或构件，取一个试件的测区数；对于抽样评定的结构或构件，取抽检试样测区数之和；

$s_{f_{cu}^c}$——结构或构件测区混凝土强度换算值的标准差，MPa，精确至0.01MPa。

(2)结构或构件混凝土强度推定值 $f_{cu,e}$

$$f_{cu,e} = m_{f_{cu}^c} - 1.645 s_{f_{cu}^c} \tag{1-6}$$

3. 填写检测记录表

回弹法检测混凝土抗压强度原始记录表见表1-1。

回弹法检测混凝土抗压强度原始记录表 表 1-1

工程名称		施工路段		试验单位	
结构物名称		使用部位		试验规程	
结构物表面情况		混凝土强度等级		试验室负责人	
回弹仪型号：			测试日期：		

测区 编号	1	2	3	4	5	6	7	8	9	10	11	12	13	14	15	16	R_m	碳化深度（mm）
1																		
2																		
3																		
4																		
5																		
6																		
7																		
8																		
9																		
10																		

测面状态	1. 侧面（ ），2. 表面（ ），3. 底面（ ），4. 风干（ ），5. 潮湿（ ），6. 光洁（ ），7. 粗糙（ ）
测试角度	1. 水平（ ），2. 向上（ ），3. 向下（ ）

项目	测区号	1	2	3	4	5	6	7	8	9	10
回弹值 N	测区平均值 R_m										
	角度修正值										
	角度修正后										
	浇筑面修正值										
	浇筑修正后										
平均碳化深度值 L（mm）											
测区强度值换算值 R_{ni}（MPa）											

强度计算（MPa）	n =	标准差 S =	平均值 R_m =	最小 R_{min} =
强度评定值 R_n（MPa）				
结论				

试验： 计算： 复核： 日期：

工作任务二　混凝土碳化深度检测

一、基本知识

1. 适用范围

适用于测定普通混凝土的碳化深度。混凝土的碳化是混凝土所受到的一种化学腐蚀。空气中 CO_2 气渗透到混凝土内，与其碱性物质起化学反应后生成碳酸盐和水，使混凝土强度降低的过程称为混凝土碳化，又称中性化。

2. 试验依据

《回弹法检测混凝土抗压强度技术规程》(JGJ/T 23—2011)。

二、仪具与材料

碳化深度测量仪、凿子、橡皮吹、酚酞酒精溶液(1% ~2%)。

三、方法与步骤

1. 测点布置

选择有代表性的测区进行碳化深度测试(图 2-1)，测点数不少于构件测区数的 30%。

图 2-1　碳化深度测试

2. 具体步骤

具体步骤及读数精度要求详见《回弹法检测混凝土抗压强度技术规程》(JGJ/T 23—2011)。

(1)在混凝土表面可采用适当的工具在测区表面形成直径约 15mm 的孔洞，其深度应大于混凝土的碳化深度(大于 10mm)。

(2)用洗耳球或橡皮吹清理灰尘、碎屑，不得用水洗。

(3)在凿开的混凝土表面滴或者喷 1% ~2% 的酚酞酒精溶液。

(4)用游标卡尺或碳化深度测定仪测定没有变色的混凝土的深度,每个测区测3次,每次读数精确至0.25mm。

四、数据处理与结果分析

(1)每个测区取3次的平均值作为该测区的碳化深度值,精确至0.5mm。

(2)每个构件,取测试测区的平均值作为该构件的碳化深度代表值,精确至0.5mm。

(3)当碳化深度值极差大于2mm时,应在每一测区分别测量碳化深度值。

混凝土碳化深度检测原始记录表见表2-1。

混凝土碳化深度检测原始记录表 表2-1

工程名称		工程部位		检测依据	
样品名称		检测仪器		检测环境	
检测方法		仪器编号		检测日期	
测区编号	测试值(mm)			碳化深度平均值(mm)	
	测试1	测试2	测试3		
平均碳化深度值(mm)					
备注					

检测: 记录: 计算: 校核:

工作任务三　超声回弹综合法检测混凝土抗压强度

一、基本知识

1. 适用范围

适用于正常使用状态下普通混凝土抗压强度的检测。

不适用于因冻害、化学侵蚀、火灾、高温等已造成表面疏松、剥落的混凝土抗压强度的检测。

2. 试验依据

《超声回弹综合法检测混凝土抗压强度技术规程》(T/CECS 02—2020)。

二、仪具与材料

回弹仪,非金属超声波检测仪,钢尺、耦合剂、粉笔。

三、方法与步骤

1. 测区布置

①构件检测时,应在构件检测面上均匀布置测区,每个构件上的测区数不应少于 10 个。对于检测面一个方向尺寸不大于 4.5m,且另一个方向尺寸不大于 0.3m 的构件,测区数可适当减少,但不应少于 5 个。

②在条件允许时,测区宜布置在构件混凝土浇筑方向的侧面。

③测区可在构件的两个相对面、相邻面或同一面上布置。

④测区宜均匀布置,相邻两测区的间距不宜大于 2m。

⑤测区应避开钢筋密集区和预埋件。

⑥测区尺寸宜为 200mm×200mm,采用平测时宜为 400mm×400mm。

⑦测试面应为清洁、平整、干燥的混凝土原浆面,不应有接缝、施工缝、饰面层、浮浆和油垢,并应避开蜂窝、麻面部位。

⑧测试时可能产生颤动的薄壁、小型构件,应对构件进行固定。

⑨测区应进行编号,并应记录测区位置和外观质量情况。

⑩每一测区,应先进行回弹测试,后进行超声测试。

⑪计算混凝土抗压强度换算值时,非同一测区内的回弹值和声速值不得混用。

每个相对测区共弹击了 10 个回弹值和测试了 3 个超声声时值(具体布置示意图见图 3-1、图 3-2)。

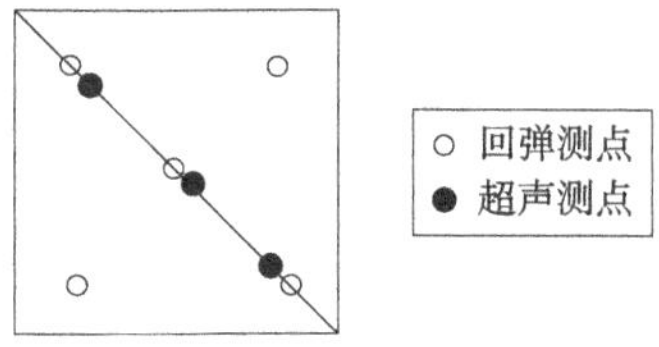

图 3-1　测区内测点布置示意图

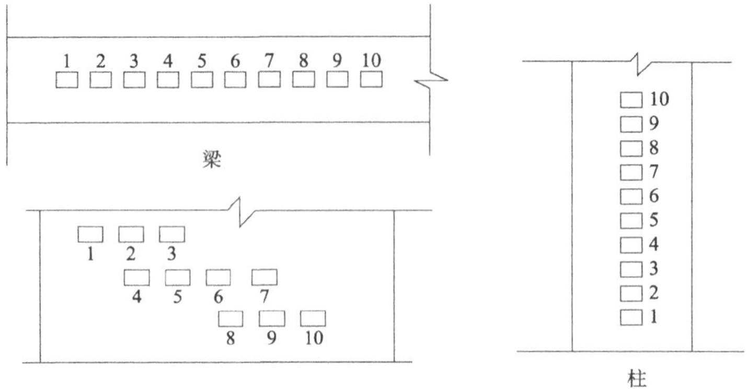

图 3-2　不同类型构件测区布置示意图

2. 测点布置

(1)回弹值测点布置

①测点宜在测区范围内均匀布置,不得布置在气孔或外露石子上。

②相邻两个测点的间距不宜小于 20mm;测点与构件边缘、外露钢筋或预埋件的距离不宜小于 30mm。

③超声对测或角测时,回弹测试应在测区内超声波的发射面和接收面各测读 5 个回弹值。超声平测时,回弹测试应在测区内超声波的发射测点和接收测点之间测读 10 个回弹值。每一测点回弹值的测读应精确至 1,且同一测点应只允许弹击 1 次。

(2)超声测点布置

①超声测点应布置在回弹测试的同一测区内,每一测区应布置 3 个测点。超声测试宜采用对测,当被测构件不具备对测条件时,可采用角测或平测。超声角测、平测和声速计算方法应符合《超声回弹综合法检测混凝土抗压强度规程》(T/CECS 02—2020)附录 D 的有关规定。

②超声声速值的测量与计算简要介绍如下:超声测点应布置在回弹测试的同一测区内。测量超声声时值时,应保证换能器与混凝土耦合良好,测试的声时值应精确至 0.1μs,声速值应精确至 0.01km/s,超声波传播距离的测量误差应不大于 ±1%。在每个测区内的相对测试面上,应各布置 3 个超声测点,且发射和接收换能器的轴线应在同一直线上。典型波形图及声时测量见图 3-3。

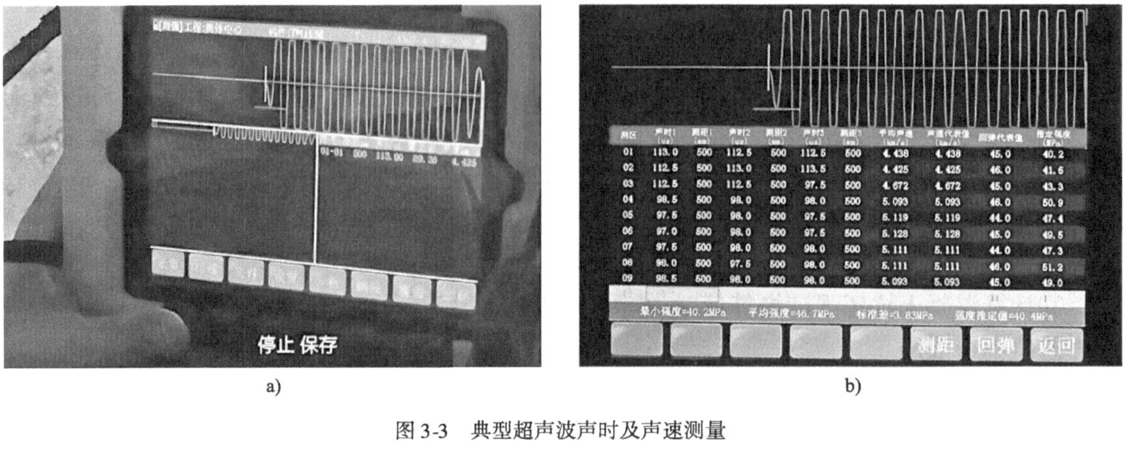

a)　　b)

图 3-3　典型超声波声时及声速测量

四、资料整理与数据分析

1. 回弹值计算

测区回弹代表值应从测区的10个回弹值中，剔除1个最大值和1个最小值，并用余下的8个有效回弹值按下列公式计算：

$$R_m = \frac{1}{8}\sum_{i=1}^{8} R_i \tag{3-1}$$

式中：R_m——测区平均回弹值，MPa，计算至0.1MPa；

R_i——第i个测点的有效回弹值，MPa。

2. 超声声速值的测量与计算

测区声速应按下列公式计算：

$$v = \frac{l}{t_m} \tag{3-2}$$

$$t_m = \frac{t_1 + t_2 + t_3}{3} \tag{3-3}$$

式中：v——测区声速值，km/s；

l——超声测距，mm；

t_1、t_2、t_3——分别为测区中3个测点的声时值，μs；

t_m——测区平均声时值，μs。

3. 混凝土强度的推定

(1)构件第i个测区的混凝土强度换算值

根据修正后的测区回弹值R_{ai}及修正后的测区声速值v_{ai}，优先采用专用或地区测强曲线推定。当无该类测强曲线时，经验正后也可按《超声回弹综合法检测混凝土抗压强度技术规程》(T/CECS 02—2020)6.2的规定确定，或按下列公式计算：

$$f^c_{cu,i} = 0.0286 v_{ai}^{1999} R_{ai}^{1.155} \tag{3-4}$$

(2)计算各测区混凝土抗压强度换算值的平均值和标准差

结构或构件测区混凝土强度平均值可根据各测区混凝土强度换算值计算。当测区数为10个及以上时，应计算强度标准差。平均值及标准差应按下列公式计算：

$$m_{f^c_{cu}} = \frac{1}{n}\sum_{i=1}^{n} f^c_{cu,i} \tag{3-5}$$

$$s_{f^c_{cu}} = \sqrt{\frac{\sum_{i=1}^{n}(f^c_{cu,i})^2 - n(m_{f^c_{cu}})^2}{n-1}} \tag{3-6}$$

式中：$m_{f^c_{cu}}$——结构或构件测区混凝土强度换算值的平均值，MPa，精确至0.1MPa；

$f^c_{cu,i}$——结构或构件第i个测点混凝土强度换算值，MPa，精确至0.1MPa；

n——测区数，对于单个评定的结构或构件，取一个试件的测区数，对于抽样评定的结构或构件，取抽检试样测区数之和；

$s_{f_{cu}^{c}}$——构件混凝土强度标准差,MPa,精确至 0.01MPa。

(3)计算构件混凝土抗压强度推定值

①结构或构件混凝土抗压强度推定值$f_{cu,e}$应按下列规定确定:

a. 当该结构或构件的测区数 $n<10$ 时,则

$$f_{cu,e}=f_{cu,min}^{c} \tag{3-7}$$

式中:$f_{cu,min}^{c}$——构件中最小的测区混凝土换算值。

b. 当该结构或构件的测区混凝土强度值中出现小于 10.0MPa 时,则

$$f_{cu,e}<10.0\text{MPa}$$

c. 当该结构或构件测区数 $n\geqslant10$ 或按批量检测时,应按下列公式计算:

$$f_{cu,e}=m_{f_{cu}^{c}}-1.645s_{f_{cu}^{c}}$$

②对批量检测的构件,当该批构件混凝土强度标准差出现下列情况之一时,则该批构件应全部按单个构件检测:

a. 一批构件的混凝土抗压强度平均值 $m_{f_{cu}}<25.0$MPa,标准差 $s_{f_{cu}}>4.50$MPa。

b. 一批构件的混凝土抗压强度平均值 $m_{f_{cu}}=25.0\sim50.0$MPa,标准差 $s_{f_{cu}}>5.50$MPa。

c. 一批构件的混凝土抗压平均值 $m_{f_{cu}}>50.0$MPa,标准差 $s_{f_{cu}}>6.50$MPa。

超声回弹综合法检测混凝土抗压强度原始记录表及检测报告分别见表 3-1 和表 3-2。

超声回弹综合法检测混凝土抗压强度原始记录表 表 3-1

工程名称					工程部位				检测依据		
设计强度等级					检测仪器				检测环境		
检测方法					仪器编号				检测日期		
测面状态	1. 侧面(　),2. 表面(　),3. 底面(　),4. 风干(　),5. 潮湿(　),6. 光洁(　),7. 粗糙(　)										
测试角度	1. 水平(　),2. 向上(　),3. 向下(　)										
编号 \ 测点	1	2	3	4	5	6	7	8	9	10	R_m
1											
2											
3											
4											
5											
6											
7											
8											
9											
10											
项目 \ 测区号	1	2	3	4	5	6	7	8	9	10	
回弹值 N 测区平均值											
回弹值 N 角度修正值											
回弹值 N 角度修正后											
回弹值 N 浇筑面修正值											
回弹值 N 浇筑面修正后											
声速原始记录表											
测点	1	2	3	4	5	6	7	8	9	10	
测距(mm)											
声时值(μs) 1											
声时值(μs) 2											
声时值(μs) 3											
声速代表值(km/s)											
备注											

检测： 记录： 计算： 校核：

超声回弹综合法检测混凝土抗压强度检测报告 表 3-2

报告编号			委托编号		第　页/共　页
工程名称				委托日期	
委托单位				施工日期	
建设单位				检验日期	
龄期(d)				设计强度等级	C30
检验设备				检验性质	
检验依据				检验环境	
检测原因					
检验结果					
构件编号	混凝土抗压强度换算值(MPa)			现龄期混凝土强度推定值(MPa)	
	平均值	标准差	最小值		
检验结论					
测点布置示意图					
备注					

检测：　　　　记录：　　　　计算：　　　　校核：

工作任务四　超声波法检测混凝土缺陷

一、基本知识

1. 适用情况

当墩柱混凝土因振捣不够、漏浆或十字架空等导致混凝土局部区域出现蜂窝状、空洞等缺陷时。

2. 检测要求

(1)被测部位应具有一对(或两对)相互平行的测试面。

(2)测区的范围应大于有怀疑的区域。

(3)在测区布置测点时,应避免 T、R 换能器的连线与附近的主钢筋轴线平行。

3. 试验依据

《超声法检测混凝土缺陷技术规程》(T/CECS 21—2024)。

二、仪具与材料

超声波检测仪(图 4-1)、直尺、耦合剂、粉笔等。

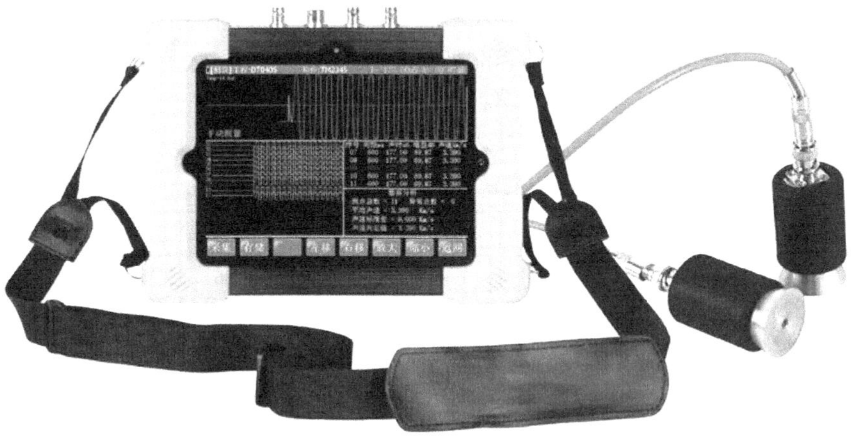

图 4-1　超声波检测仪

三、现场检测

(1)根据被测结构实际情况,布置换能器。当结构具有两对互相平行的测试面时可采用对测法。在测区的两对相互平行的测试面上,分别画间距为 200 ~ 300mm 的网络并编号,确定对应的测点位置,如图 4-2 所示。下面以对测法为例进行介绍。

(2)按规定测量每一测点的声时、波幅、频率和测距。

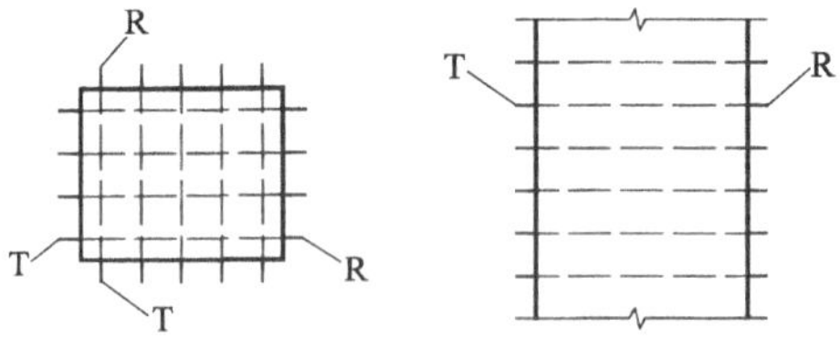

a) 平面图　　b) 立面图

图 4-2　对测法换能器布置

T-发射换能器；R-接收换能器

四、数据处理与分析

(1)测区混凝土声时(声速)、波幅、频率测量值的平均值(m_x)和标准差(S_x)应按下列公式计算：

$$m_x = \frac{1}{n}\sum_{i=1}^{n} X_i \tag{4-1}$$

$$S_x = \sqrt{\frac{\sum_{i=1}^{n} X_i^2 - n{m_x}^2}{n-1}} \tag{4-2}$$

式中：X_i——第 i 点的声时(声速)、波幅、频率的测量值；

n——各测区参与统计的测点数。

(2)测区中的异常数据可按以下方法判别：

①将一测区各测点的波幅、频率值由大至小按顺序排列，即 $X_1 \geqslant X_2 \geqslant \cdots \geqslant X_n \geqslant X_{n+1} X \cdots$，将排在后面明显小的数据视为可疑，再将这些可疑数据中最大的一个(假定 X_n)连同其前面的数据计算出 m_x 及 s_x 值，并算出异常情况的判断值(X_0)。

$$X_0 = m_x - \lambda_1 S_x \tag{4-3}$$

式中：λ_1——异常值判定系数，应按表 4-1 查得。

统计数的个数 n 与对应的 λ_1、λ_2 和 λ_3 的值　　表 4-1

n	20	22	24	26	28	30	32	34	36	38
λ_1	1.65	1.69	1.73	1.77	1.80	1.83	1.86	1.89	1.92	1.94
λ_2	1.25	1.27	1.29	1.31	1.33	1.34	1.36	1.37	1.38	1.39
λ_3	1.05	1.07	1.09	1.11	1.12	1.14	1.16	1.17	1.18	1.19
n	40	42	44	46	48	50	52	54	56	58
λ_1	1.96	1.98	2.00	2.02	2.04	2.05	2.07	2.09	2.10	2.12
λ_2	1.41	1.42	1.43	1.44	1.45	1.46	1.47	1.48	1.49	1.49
λ_3	1.20	1.22	1.23	1.25	1.26	1.27	1.28	1.29	1.30	1.31

②把 X_0 值与可疑数据中最大值(X_n)比较，当 X_n 小于或等于 X_0 时，则 X_n 及排在其后的各声时值均为异常值；当 X_n 大于 X_0 时，应再将 X_{n+1} 放进去重新进行统计计算和判别。

(3)当测区中某些测点被判为异常值时，可结合异常测点的分布，按下式进一步判别其相邻测点是否异常：

$$X_0 = m_x - \lambda_2 S_x \quad \text{或} \quad X_0 = m_x - \lambda_3 S_x \tag{4-4}$$

其中，λ_2、λ_3 按表 4-1 取值；当测点布置为网格状时取 λ_2，当单排布置测点时取 λ_3。

（4）当测区中某些测点的声时（声速）、波幅（频率）被判为异常值时，可结合异常测点的分布及波形状况确定混凝土内部存在不密实区和空洞的范围。

超声波法检测混凝土缺陷检测报告见表 4-2。

超声波法检测混凝土缺陷检测报告 表 4-2

工程名称		构件编号		检测日期	
试验依据		检测环境		仪器型号	
钢筋直径（mm）		设计保护层厚度（mm）		仪器编号	
检测成果					
测点号	测距（mm）	声时（μs）	波幅（A）	声速（m/s）	异常情况
1					
2					
3					
4					
5					
6					
7					
8					
9					
10					
11					
12					
13					
14					
15					
测点布置示意图					
检测结论					
备注					

检测： 记录： 计算： 校核：

工作任务五　超声波法检测混凝土裂缝深度

一、基本知识

1. 检测原理

(1)根据超声波在混凝土中传播时遇到裂缝的绕射现象,绕过裂缝底部传播,按声时和声程的变化来判别和计算缺陷的大小。

(2)依据超声波在裂缝底部界面上的绕射、散射,抵达接收探头时能量显著衰减的现象来判别裂缝的存在和深度。

2. 试验依据

《超声法检测混凝土缺陷技术规程》(T/CECS 21—2024)。

二、仪具与材料

超声波检测仪、直尺、耦合剂、粉笔。

三、现场检测

1. 平测法概述

目前,检测混凝土结构的非贯通性裂缝深度的方法有超声单面平测法(简称平测法)、超声双面斜测法、钻孔对测法、横波法、表面波法、冲击回波法和取芯法等。在诸方法中,平测法是一种最为简单、快速的方法。当构件断面尺寸很大,无法在侧面用穿透法测试时,适用平测法。

2. 平测法原理

平测法检测裂缝深度利用的是声波的衍射现象。在平测法中,换能器分别置于裂缝表面的两侧,如图 5-1 所示。显然,发射换能器发出的声波以及经裂缝断面反射后的反射波均不能到达接收换能器,接收换能器接收的只是绕过裂缝下缘产生的衍射波。

测量斜裂缝深度与走向时,采用三角形定位法。

测试时,首先在裂缝附近测出混凝土中的声速 v_0,然后将一个探头固定于裂缝一边 A 处,另一探头移至 C 和 D 处(图 5-2),分别测出声波经 $AB+BC$ 和 $AB+BD$ 时的声时 t_1 和 t_2,即可得到如下方程:

$$\begin{cases} AB+BC=v_0t_1 \\ AB+BD=v_0t_2 \\ BC^2=AB^2+L_2^2-2ABL_2\cos\alpha \\ BC^2=AB^2+L_1^2-2ABL_1\cos\alpha \end{cases} \tag{5-1}$$

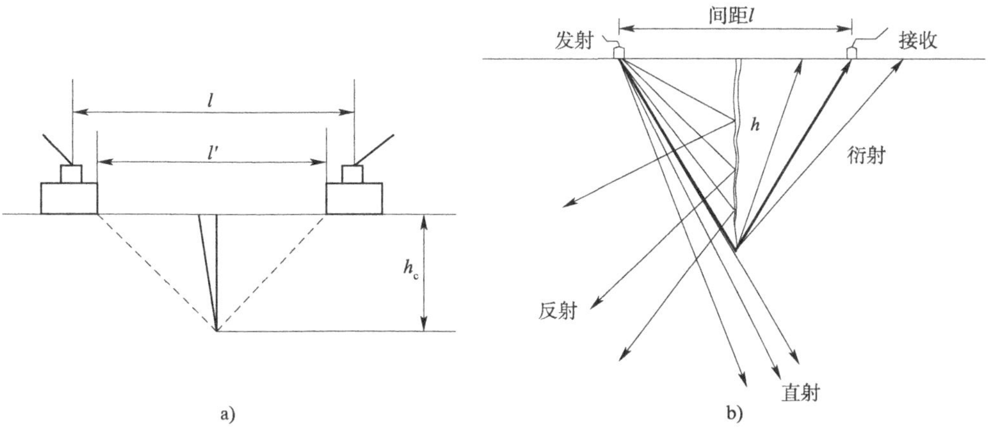

图 5-1　平测法检测裂缝深度

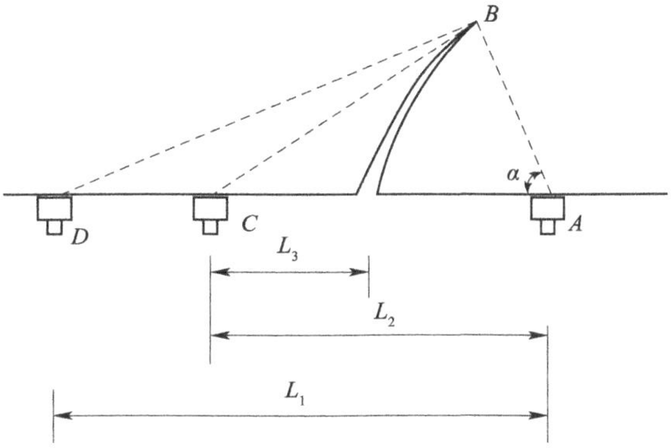

图 5-2　斜裂缝的检测示意图

将实测的 v_0、t_1、t_2、L_2、L_1 等代入式(5-1)，解出未知项即可求出裂缝的深度和走向。斜裂缝的检测示意图如图 5-2 所示。

3. 不跨缝测试

(1)调试超声仪，设定参数。选择超声波法检测混凝土裂缝深度，选择不跨缝测试，如图 5-3 所示。

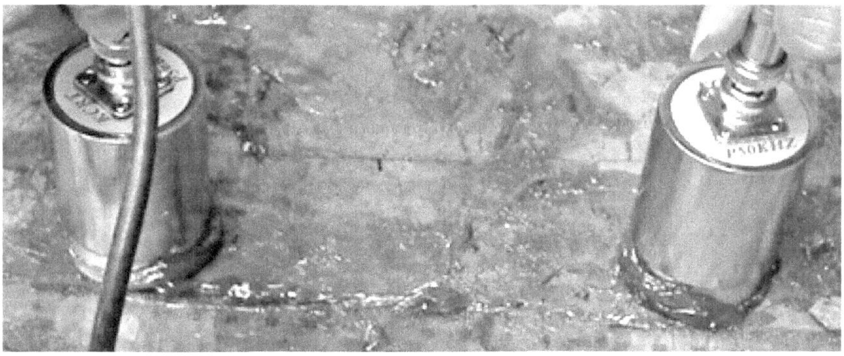

图 5-3　不跨缝声时测量

(2)将探头置于裂缝同一侧,间隔100mm左右,探头使用凡士林或黄油等耦合剂与混凝土面耦合。准备好后,开始采样。

(3)间隔50mm连续采样。第一点采样结束后,一个探头不动,另一个探头移动50mm后进行第二次采样,如此移动6次,采样6次。采样全部结束后分析、保存。典型波形图如图5-4所示。

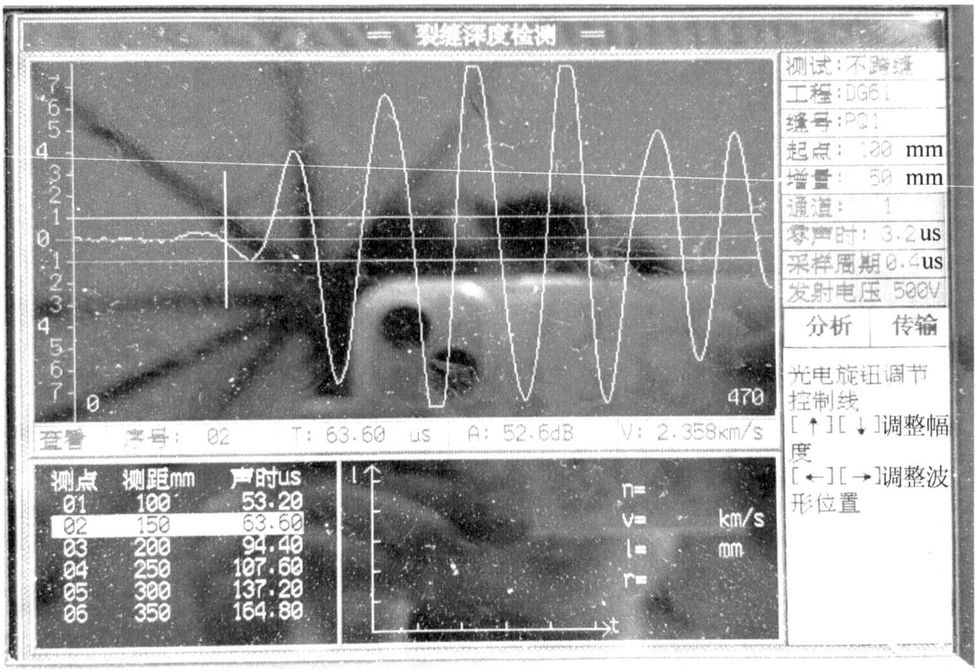

图5-4 典型波形图

4. 跨缝测试

(1)调试超声仪,设定参数。选择超声法检测混凝土裂缝深度,选择跨缝测试,如图5-5所示。

图5-5 跨缝声时测量

(2)将探头等距离置于裂缝两侧，间隔 100mm 左右，探头使用凡士林或黄油等耦合剂与混凝土面耦合。准备好后，开始采样。

(3)间隔 10mm 连续采样。第一点采样结束后，将两个探头对称于裂缝向外侧各移动 25mm 后进行第二次采样，如此移动 6 次，采样 6 次。采样全部结束后分析、保存。典型波形图如图 5-6 所示。

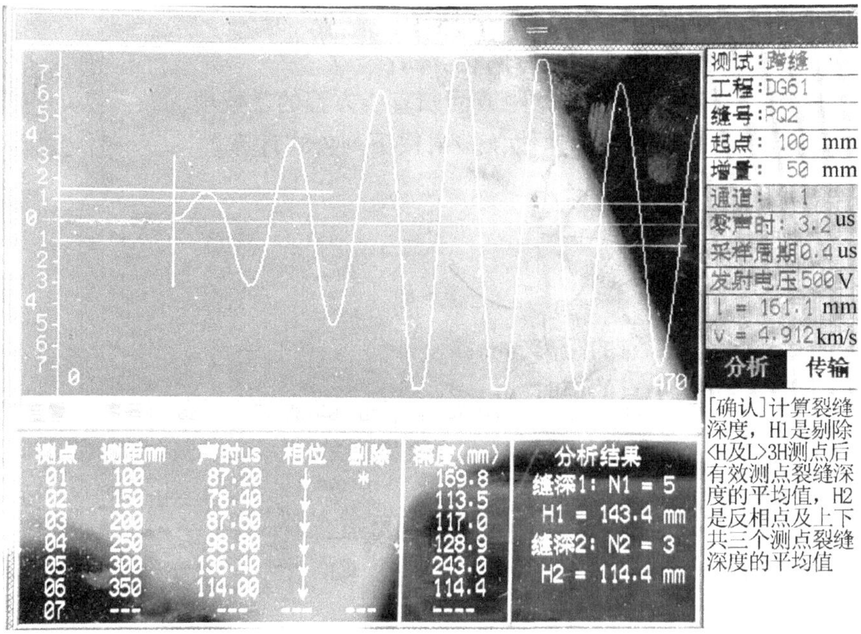

图 5-6　典型波形图

四、数据处理与分析

1. 不跨缝声时测量确定混凝土声速

将 T、R 换能器置于裂缝同一侧，以两个换能器内边缘间距(l)等于 100mm、150mm、200mm、250mm……分别读取声时值(t_i)，绘制“时-距”坐标图(图 5-7)，用统计的方法求出两者的关系式。

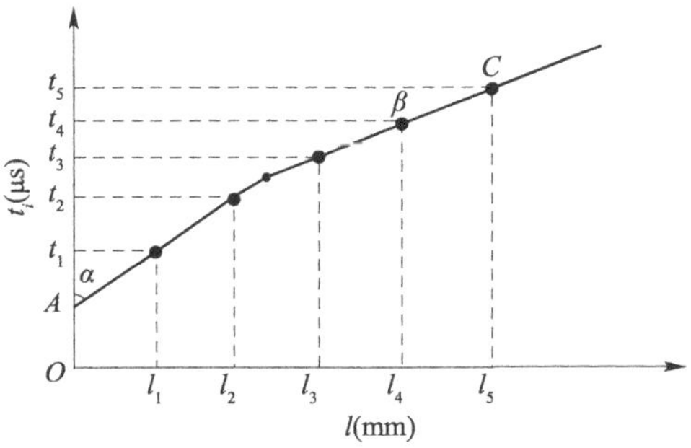

图 5-7　平测法“时-距”坐标图

测距与声时的理论关系为

$$l_i' = a + bt_i \tag{5-2}$$

考虑仪器设备的声时修正,每测点超声实际传播的距离应为

$$l_i = l_i' + |a| \tag{5-3}$$

式中:l_i'——第 i 点的超声波实际传播距离,mm;

l_i——第 i 点的 T、R 换能器内边缘间距,mm;

a——“时-距”坐标图中 l'轴的截距或回归直线方程的常数项,mm;

b——不跨缝平测的混凝土声速值,km/s,按下列公式计算。

$$v = \frac{l_n' - l_1}{t_n' - t_1} \tag{5-4}$$

$$v = b \tag{5-5}$$

式中:l_n'、l_1——第 n 点和第 1 点的距离,mm;

t_n'、t_1——第 n 点和第 1 点的声时,μs。

2. 跨缝声时测量确定各测点对应的计算裂缝深度

平测法检测,裂缝深度按下列公式计算:

$$h_{ci} = \frac{l_i}{2}\sqrt{\left(\frac{t_i^0}{l_i}\right)^2 - 1} \tag{5-6}$$

$$m_{bc} = \frac{1}{n}\sum_{i=1}^{n} h_{ci} \tag{5-7}$$

式中:l_i——不跨缝平测时第 i 点的超声实际传播距离,mm;

h_{ci}——第 i 点的计算裂缝深度值,mm;

t_i^0——第 i 点跨缝平测的声时值,μs;

m_{bc}——各测点计算裂缝深度的平均值,mm;

n——测点数。

3. 裂缝深度的确定

(1)三点平均值法

跨缝测试在某测距发现首波反相时,用该测距及其相邻测距的声时测量值分别计算,取此三点的平均值作为该裂缝的深度。

(2)平均值加剔除法

当跨缝测量难以发现首波反相时,可先求出各测距计算深度的平均值 m_{bc},再将各测距 l_i 与 m_{bc} 比较,如 $l_i < m_{bc}$ 和 $l_i > 3m_{bc}$,剔除其深度值,然后取余下 h_{ci} 的平均值,作为该裂缝的深度值(h_c)。

超声波法检测混凝土裂缝深度检测报告见表 5-1。

超声波法检测混凝土裂缝深度检测报告 表 5-1

<table>
<tr><td colspan="2">工程部位(用途)</td><td colspan="3"></td><td colspan="2">任务书编号</td><td colspan="2"></td></tr>
<tr><td colspan="2">试验依据</td><td colspan="3"></td><td colspan="2">样品编号</td><td colspan="2"></td></tr>
<tr><td colspan="2">样品描述</td><td colspan="3"></td><td colspan="2">试验条件</td><td colspan="2"></td></tr>
<tr><td colspan="2">主要仪器设备</td><td colspan="7"></td></tr>
<tr><td rowspan="14">裂缝深度
h≤500mm</td><td>裂缝
编号</td><td colspan="7">不跨缝,换能器内边缘间距(mm)及对应声时(μs)</td></tr>
<tr><td rowspan="4"></td><td>测距</td><td></td><td></td><td></td><td></td><td></td><td></td></tr>
<tr><td>声时</td><td></td><td></td><td></td><td></td><td></td><td></td></tr>
<tr><td>测距</td><td></td><td></td><td></td><td></td><td></td><td></td></tr>
<tr><td>声时</td><td></td><td></td><td></td><td></td><td></td><td></td></tr>
<tr><td colspan="2">平均声速(km/s)</td><td colspan="6"></td></tr>
<tr><td>裂缝
编号</td><td colspan="7">跨缝,换能器间距(mm)、对应声时(μs)及裂缝深度(mm)</td></tr>
<tr><td rowspan="4"></td><td>测距</td><td></td><td></td><td></td><td></td><td></td><td></td></tr>
<tr><td>声时</td><td></td><td></td><td></td><td></td><td></td><td></td></tr>
<tr><td>测距</td><td></td><td></td><td></td><td></td><td></td><td></td></tr>
<tr><td>声时</td><td></td><td></td><td></td><td></td><td></td><td></td></tr>
<tr><td colspan="2">裂缝深度(mm)</td><td colspan="6"></td></tr>
<tr><td rowspan="7">裂缝深度
h＞500mm</td><td>裂缝
编号</td><td colspan="7">换能器自上而下提升距离(mm)及波幅(dB)</td></tr>
<tr><td rowspan="4"></td><td>测距</td><td></td><td></td><td></td><td></td><td></td><td></td></tr>
<tr><td>声时</td><td></td><td></td><td></td><td></td><td></td><td></td></tr>
<tr><td>测距</td><td></td><td></td><td></td><td></td><td></td><td></td></tr>
<tr><td>声时</td><td></td><td></td><td></td><td></td><td></td><td></td></tr>
<tr><td colspan="2">裂缝深度(mm)</td><td colspan="6"></td></tr>
<tr><td>裂缝
描述</td><td colspan="8"></td></tr>
</table>

检测： 记录： 计算： 校核：

工作任务六　冲击弹性波法检测混凝土内部缺陷

一、基本知识

1. 适用情况

当墩柱混凝土因振捣不够、漏浆或十字架空等导致混凝土局部区域出现蜂窝状、空洞等缺陷时。

2. 检测要求

(1)被测部位应具有一对(两对)相互平行的测试面。

(2)测区的范围应大于有怀疑的区域。

(3)在测区布置测点时,应避免T、R换能器的连线与附近的主钢筋轴线平行。

3. 检测依据

《冲击回波法检测混凝土缺陷技术规程》(JGJ/T 411—2017)。

《公路工程混凝土结构缺陷冲击弹性波法检测技术规程》(DB36/T 1969—2024)(参考)。

二、仪具与材料

冲击弹性波检测仪(图6-1)、直尺、粉笔等。

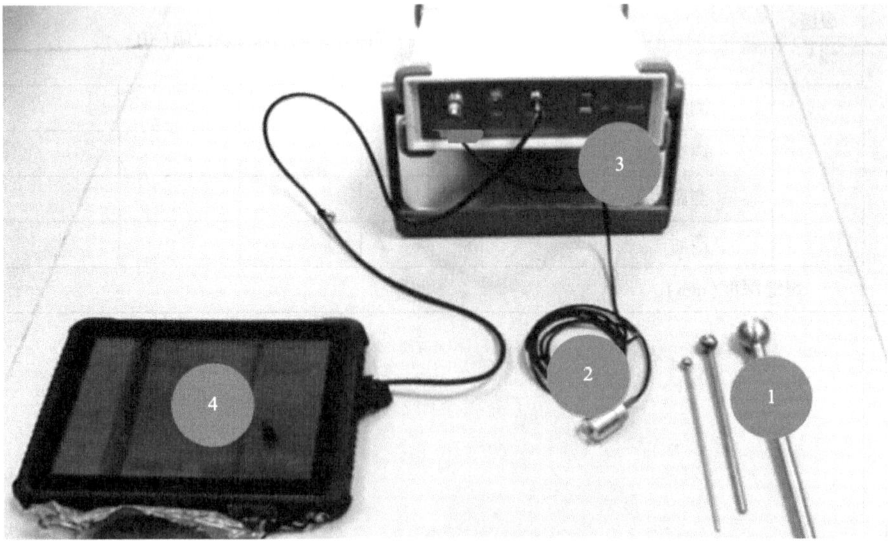

图6-1　冲击弹性波检测仪

1-激振锤(产生弹性波);2-加速度传感器(接收弹性波信号);3-PE主机(对信号进行调理及AD转换);4-计算机(用于存储及分析数据)

三、现场检测

(1)根据被测结构实际情况,当采用冲击弹性波法检测混凝土结构内部缺陷时,宜采用测线或测区的布置方式。

(2)冲击弹性波法检测混凝土结构内部缺陷应符合以下规定:

①当采用测线进行内部缺陷检测时,每条测线不应少于 6 个测点,且测点间距宜为 50 ~ 200mm。采用测线检测测点布置示意图如图 6-2 所示。

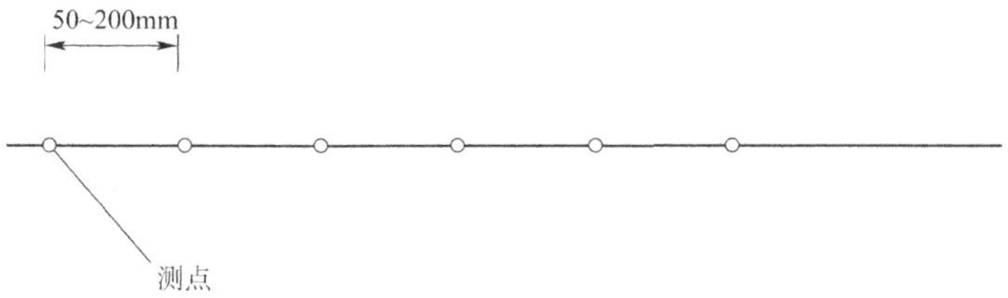

图 6-2　采用测线检测测点布置示意图

②当采用测区进行内部缺陷检测时,测区由测线构成,采用网格式布置,且行、列测线各不少于 5 条,测线间距相等,50 ~ 200mm 为宜,每条测线不宜少于 6 个测点,且测点间距宜为 50 ~ 200mm。采用测区检测测点布置示意图如图 6-3 所示。

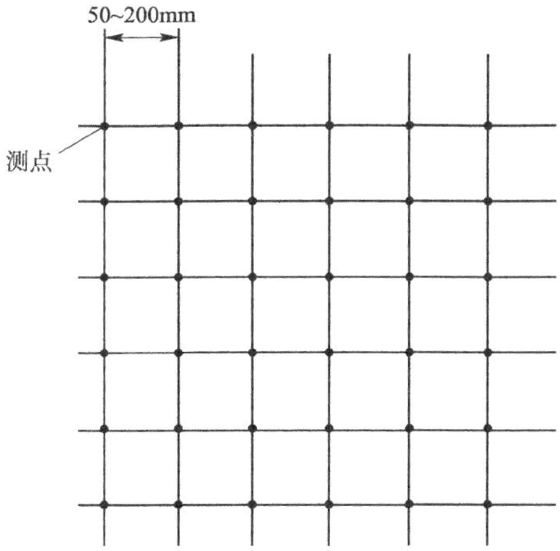

图 6-3　采用测区检测测点布置示意图

四、数据处理与分析

1. 数据分析

(1)根据检测结果频谱图,找出检测主频 f_c 或检测卓越周期 T_c,并与基准主频 f_s 或基准卓越周期 T_s 进行比较,结合被检测构件形状、预埋件位置等进行综合分析判断,确定内部缺陷位置。

(2)频谱或能量图像可采用等值线、灰度、色谱等图示方法显示,根据频谱或能量的分布规律,结合基准主频或基准卓越周期进行判定和解释。

(3)混凝土结构内部缺陷检测判定参考色板。

①混凝土材质均匀,检测范围内未见明显提前反射或者延后反射的情况(图6-4和图6-5)。

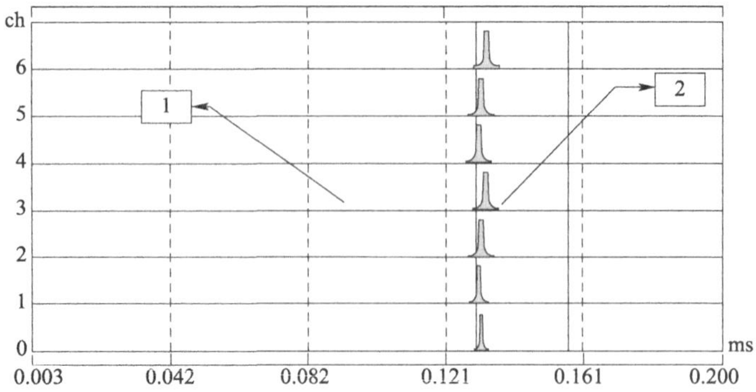

图6-4　混凝土内部完好的频谱图

1-构件底部之前无明显反射信号;2-构件底部反射信号平直

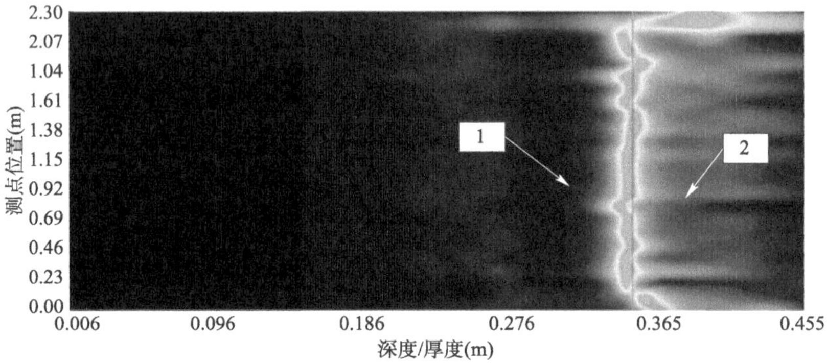

图6-5　混凝土内部完好的云图

1-构件底部之前无明显反射信号;2-构件底部反射信号平直

②混凝土结构内部存在可疑缺陷的情况(图6-6和图6-7)。

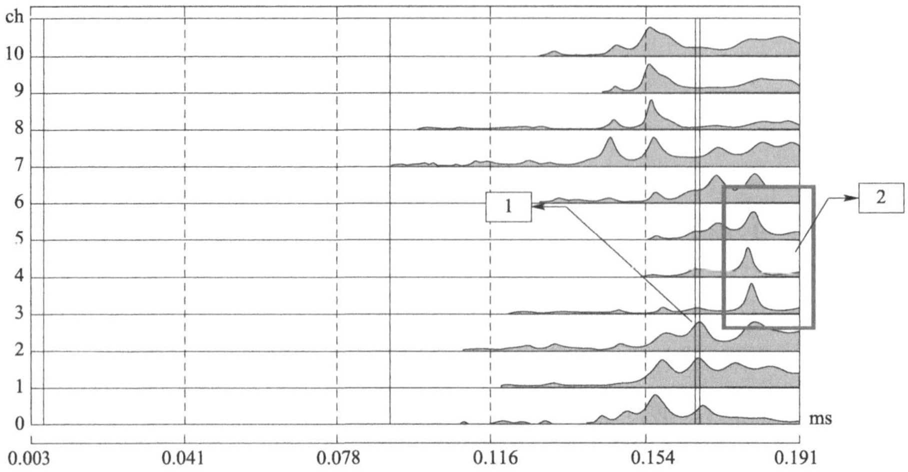

图6-6　混凝土内部存在可疑缺陷频谱图

1-构件底部反射信号;2-疑似缺陷部位的延后反射信号

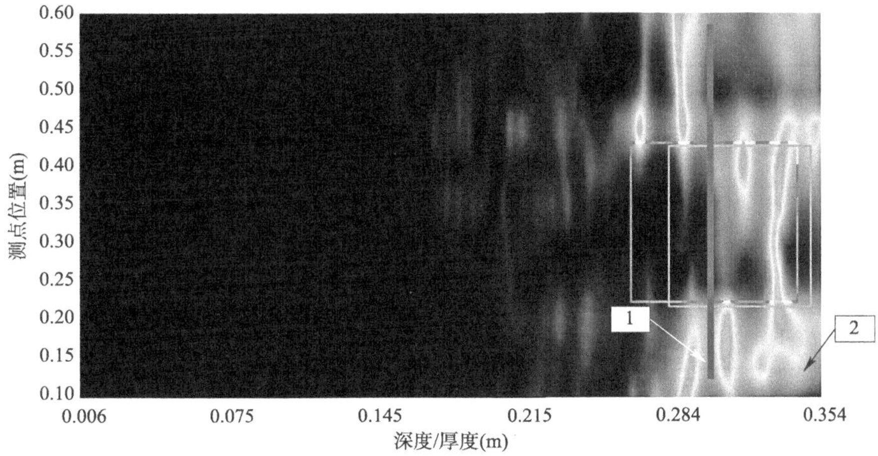

图 6-7 混凝土内部存在可疑缺陷云图

1-构件底部反射信号;2-疑似缺陷部位的延后反射信号

2. 结果判定

(1)当检测频率 f_c 为单峰形态,且检测主频 f_c 与基准主频 f_s 比较,两者的差值不超过 $2\Delta f$ 时,可判定混凝土密实无缺陷。

(2)当检测频率 f_c 为多峰形态,或检测主频 f_c 与基准主频 f_s 比较,检测频率 f_c 向低频偏移,且偏移值超过 $2\Delta f$ 时,判定混凝土内部存在缺陷。

(3)判定结果存在混凝土结构内部缺陷时,宜采用原位钻孔、取芯等方式进行实体验证。

冲击弹性波法检测混凝土结构内部缺陷现场记录表见表 6-1。

冲击弹性波法检测混凝土结构内部缺陷现场记录表 表 6-1

记录编号： 第 页/共 页

<table>
<tr><td>工程名称</td><td colspan="3"></td></tr>
<tr><td>工程地点</td><td colspan="3"></td></tr>
<tr><td>检验编号</td><td></td><td>检测日期</td><td></td></tr>
<tr><td>检测依据</td><td></td><td>浇筑日期</td><td></td></tr>
<tr><td>使用仪器名称、编号</td><td colspan="3"></td></tr>
<tr><td>标定波速</td><td></td><td>设计强度</td><td></td></tr>
<tr><td>构件信息</td><td colspan="3"></td></tr>
<tr><td>现场描述</td><td colspan="3"></td></tr>
<tr><td>测区(线)编号</td><td>测区(线)布置点数</td><td colspan="2">测区(线)测点间隔</td></tr>
<tr><td></td><td></td><td colspan="2"></td></tr>
<tr><td></td><td></td><td colspan="2"></td></tr>
<tr><td></td><td></td><td colspan="2"></td></tr>
<tr><td></td><td></td><td colspan="2"></td></tr>
<tr><td></td><td></td><td colspan="2"></td></tr>
<tr><td>检测测区布置示意图</td><td colspan="3"></td></tr>
<tr><td>备注</td><td colspan="3"></td></tr>
</table>

检测： 记录： 计算： 校核：

工作任务七　冲击弹性波法检测混凝土裂缝深度

一、基本知识

1. 检测原理

冲击弹性波法检测混凝土裂缝深度有三种方法,其适用范围和原理各有不同。

(1)相位反转法

当激发的弹性波信号在混凝土内传播,穿过裂缝时,在裂缝端点处产生衍射,其衍射角与裂缝深度具有一定的几何关系。相位反转法正是根据衍射角与裂缝深度的几何关系,来对裂缝深度进行快速测试的。将激振点与接收点沿裂缝对称配置,从近到远逐步移动(图7-1)。当激振点与裂缝的距离与裂缝深度相近时,接收信号的初始相位发生反转。

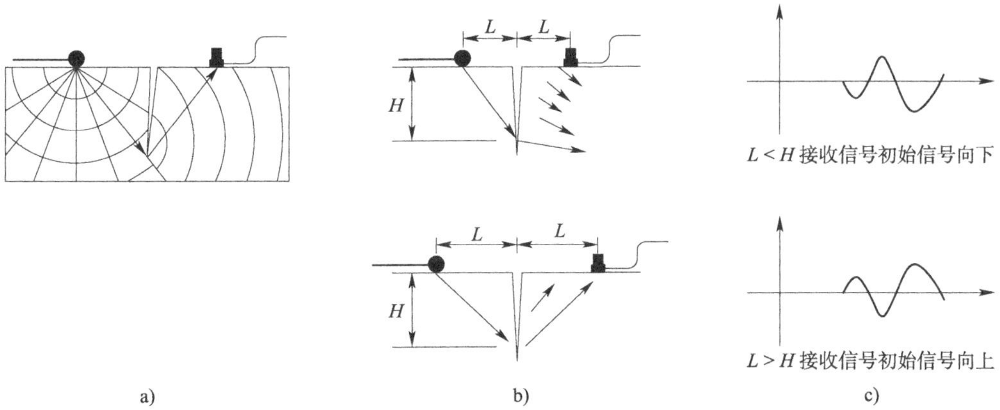

图7-1　相位反转法的应用

(2)传播时间差法

传播时间差法适用于混凝土结构物中的开口裂缝,其测试原理是激励产生的弹性波遇到裂缝时,波被直接隔断,并在裂缝端部衍射通过(图7-2)。其通过测试波在有裂缝位置和没有裂缝健全部位传播的时间差来推定裂缝深度,裂缝深度越大,传播时间差就越长。

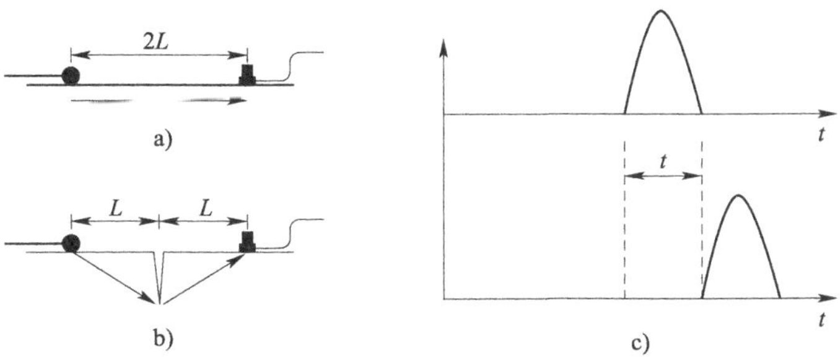

图7-2　冲击弹性波法检测混凝土裂缝深度的原理

(3)表面波法

表面波法采用冲击弹性波中的瑞利波(表面波的一种)的衰减特性来测试混凝土构造物中的裂缝深度。瑞利波在媒体表面受冲击所产生的弹性波中,能量最大,信号采集容易,对裂缝更为敏感。瑞利波在遇到裂缝时,其传播在某种程度上被遮断,在通过裂缝以后波的能量和振幅会减少。因此,根据裂缝前后的波的振幅的变化(振幅比),便可以推算其深度(图7-3)。

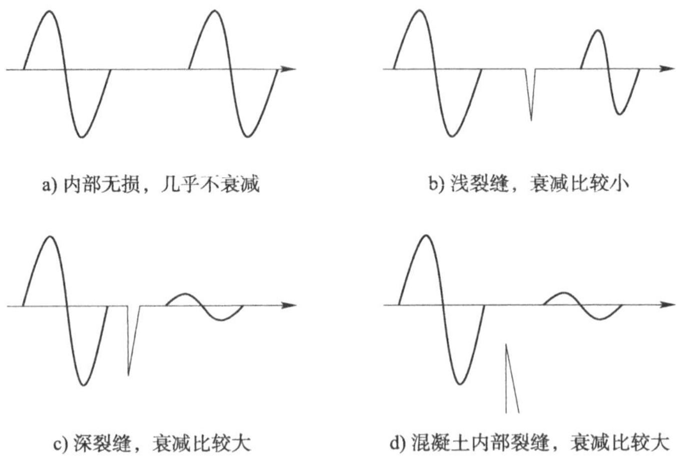

图7-3　冲击弹性波法遇到不同裂缝情况时的表现

2. 试验依据

《冲击回波法检测混凝土缺陷技术规程》(JGJ/T 411—2017)。

《水工混凝土结构缺陷检测技术规程》(SL 713—2015)(参考)。

二、仪具与材料

冲击弹性波检测仪(见工作任务六中图6-1)、直尺、粉笔等。

三、现场检测

(1)相位反转法适用于预估深度较浅的裂缝的深度,表面波法适用于预估深度较深的裂缝的深度。

(2)相位反转法检测混凝土构件裂缝深度:

①当预估裂缝深度小于20cm时,检测面边缘到裂缝的最小垂直距离大于预估裂缝深度。

②测线应与裂缝走向垂直,激振点与接收点的测点应对称于裂缝走向布置,测点间距相等,且不宜大于5cm(图7-4)。

③测点离裂缝最近的距离应小于预估裂缝深度,最远的距离应大于预估裂缝深度。

④相位反向的相邻两个点到裂缝距离的平均值,作为裂缝深度判定值。

(3)面波法检测混凝土构件裂缝深度:

①混凝土结构形状规则,检测面较大,无脱空、蜂窝、麻面。

②测线宜与裂缝走向垂直。

③应采用一发双收的检测方式，两个接收点应跨裂缝对称布置，激振点与接收点应在同一条测线上，且接收点和激振点位置表面应平整。

④面波法检测裂缝深度小于 1.3 倍波长时，应根据预估裂缝深度选择合适的激振锤，激振锤可参考表 7-1 进行选取。

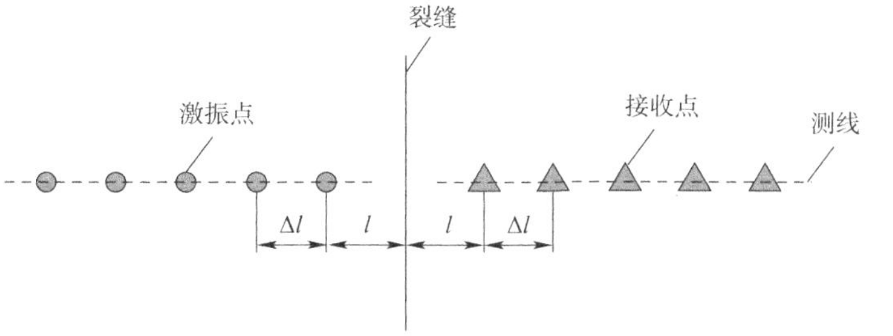

图 7-4　相位反转法测点布置图

裂缝检测激振锤的选取参考　表 7-1

预估裂缝深度(cm)	20 ~ 40	40 ~ 65	65 ~ 120	>120
锤头直径(mm)	10.0 ~ 30.0	20.0 ~ 50.0	30.0 ~ 60.0	橡胶锤

注：当预估裂缝深度超过 1.2m 时，应根据条件对激振锤特制。

(4)检测时宜采用双方向激振(图 7-5)。

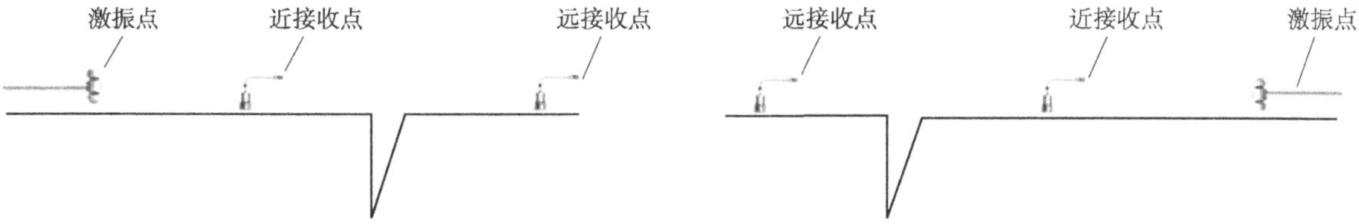

a) 左方向　b) 右方向

图 7-5　双方向激振

四、数据处理与分析

1. 数据分析

(1)相位反转法检测混凝土构件裂缝深度

采用相位反转法检测混凝土构件裂缝深度，根据检测结果频谱图，找出检测主频 f_c 或检测卓越周期 T_c，并与基准主频 f_s 或基准卓越周期 T_s 进行比较，结合被检测构件形状、预埋件位置等进行综合分析判断，确定裂缝深度。

(2)面波法检测混凝土构件裂缝深度

采用面波法检测混凝土构件裂缝深度时，裂缝深度应按下式计算：

$$H_L = -0.7429\lambda\ln(x) \tag{7-1}$$

式中：H_L——检测裂缝深度，m；

λ——激振面波波长,m;

x——振幅比,具体计算方法可参考现行行业标准《水工混凝土结构缺陷检测技术规程》(SL 713)的规定。

2. 结果判定

(1)根据首波相位反转情况或者面波波长,确定裂缝深度。

(2)当数据质量不满足要求、检测结果无法明确判定时,应进行现场复检。必要时,可选择不少于3处采用原位钻孔、取芯等方式进行实体验证。

冲击弹性波法检测混凝土裂缝深度记录表见表7-2。

冲击弹性波法检测混凝土裂缝深度记录表

表 7-2

工程名称		构件编号		检测日期	
试验依据		检测环境		仪器型号	
标定块厚度（mm）		混凝土设计等级		仪器编号	
波速标定值（km/s）					
裂缝深度测试结果（mm）					
裂缝示意图					
检测结论					
备注					

检测： 记录： 计算： 校核：

工作任务八　混凝土中钢筋位置及保护层厚度检测

一、基本知识

1. 适用范围

混凝土中钢筋分布及保护层厚度的检测针对主要承重构件或承重构件的主要受力部位，或钢筋锈蚀电位测试结果表明钢筋可能锈蚀活化的部位，以及根据结构检算及其他检测需要确定的部位。在下列情况下需对其进行检测：

(1)估测混凝土中钢筋的位置、深度和尺寸。

(2)无资料或因其他原因需要对结构进行调查的情况。

(3)进行其他需要避开钢筋进行的测试之前。

2. 检测依据

《混凝土中钢筋检测技术标准》(JGJ/T 152—2019)。

《公路工程质量检验评定标准　第一册　土建工程》(JTG F80/1—2017)。

二、仪具与材料

钢筋扫描仪、钢尺、铅笔。

三、现场检测

1. 测区布置原则

(1)按单个构件检测时，应根据尺寸大小，在构件上均匀布置测区。每个构件上的测区数不应少于3个。

(2)对于最大尺寸大于5m的构件，应适当增加测区数量。

(3)测区应均匀分布，相邻两测区的间距不宜小于2m。

(4)测区表面应清洁、平整，避开接缝、蜂窝、麻面、预埋件等缺陷部位。

(5)测区应注明编号，并记录测区位置和外观情况。

(6)测点数量及要求：

①对构件上每一测区应检测不少于10个测点。

②测点间距应小于保护层测试仪传感器长度。

(7)对某一类构件的检测，可采取抽样的方法，抽样数不少于同类构件数的30%，且不少于3件，每个构件测区布置按单个构件要求进行。

(8)对结构整体的检测，可先按构件类型分类，再按类型进行检测。

2. 测量步骤

(1)测试前应了解有关图纸资料，以确定钢筋的种类和直径。

(2)进行保护层厚度测读前,应先在测区内确定钢筋的位置与走向(图8-1),具体做法如下:

①将保护层测试仪传感器在构件表面平行移动,当仪器显示值最小时,传感器正下方即所测钢筋的位置。

②找到钢筋位置后,将传感器在原处左右转动一定角度,仪器显示最小值时传感器长轴线的方向即钢筋的走向。

③在构件测区表面画出钢筋位置与走向(图8-2)。

图8-1 在测区内确定钢筋的位置与走向

图8-2 画出钢筋位置与走向

(3)保护层厚度的测读(图8-3):

①将传感器置于钢筋所在位置正上方,并左右稍稍移动,读取仪器显示最小值,即该处保护层厚度。

②每个测点值宜读取2次稳定读数,取其平均值,精确至1mm。

③应避免在钢筋交叉位置进行测量。

图8-3 保护层厚度的测读

(4)对于缺少资料、无法确定钢筋直径的构件,应首先测量钢筋直径。对钢筋直径的测量宜采用5～10次测读,剔除异常数据,求其平均值的测量方法。

四、数据处理与分析

1.钢筋保护层厚度

(1)抽样方法

①对梁类、板类构件,应各抽取构件数量的2%且不少于5个构件进行检验。

②当有悬挑构件时，抽取的构件中悬挑梁类、板类构件所占比例均不宜小于50%。

③对于结构部位，应由监理（建设）单位、施工单位等各方根据结构构件的重要性共同选定。

（2）检测部位

①对于梁类构件，应对全部纵向受力钢筋的保护层厚度进行检验。

②对于板类构件，应抽取不少于6根纵向受力钢筋的保护层厚度进行检验。

③对于每根钢筋，应在有代表性的部位测量1点。

（3）检测方法

可采用非破损或者局部破损的方法，也可采用非破损方法并用局部破损方法进行校准，检测误差不应大于1mm。

（4）指标要求

纵向受力钢筋的允许偏差，对梁类构件为+10mm，-7mm；对板类构件为+8mm，-5mm。

（5）结果评定

对梁类、板类构件纵向受力钢筋的保护层厚度应分别进行验收。符合下列要求可按合格验收：

①全部钢筋保护层厚度检验的合格点率不小于90%时，判定合格。

②全部钢筋保护层厚度检验的合格点率小于90%但不小于80%时，可再抽取同样数量的构件进行检验，同时两次抽样总和计算的合格点率必须不小于90%，才能判定为合格。

③每次抽样检验结果中不合格点的最大偏差均不应大于规范允许偏差的1.5倍。对于梁类构件，不能大于+15mm，-10.5mm；对于板类构件，不能大于+12mm，-7.5mm。

2. 钢筋位置检测

钢筋位置检测主要是为了了解其间距，如梁板中纵向受力钢筋间距是影响其承载能力的重要因素。钢筋间距的计算相对较为简单，可以根据一定长度内有几根钢筋（几个间隔）来计算平均间距。如钢筋分布不均匀，最好将所测部位的钢筋分布以绘图形式记录下来，并记录每根钢筋间距，与设计图纸要求的设计值进行对比，确定是否满足设计要求。

钢筋位置、保护层厚度检测记录表见表8-1。

钢筋位置、保护层厚度检测记录表 表 8-1

工程名称		构件编号		检测日期	
试验依据		检测环境		仪器型号	
钢筋直径（mm）		设计保护层厚度（mm）		仪器编号	

钢筋间距（*X* 方向）	编号							
	间距（mm）							
保护层厚度（mm）	第一次测量							
	第二次测量							
	平均值							
钢筋间距（*Y* 方向）	编号							
	间距（mm）							
保护层厚度（mm）	第一次测量							
	第二次测量							
	平均值							
钢筋布置示意图								
检测结论								
备注								

检测： 记录： 计算： 校核：

工作任务九　钢结构涂层厚度检测

一、基本知识

1. 检测原理

人耳可听得见的声波频率范围为 20 ~ 20000Hz。频率比 20000Hz 更高的声波叫作超声波。超声波脉冲(通常为 1.5MHz)从探头射入被检测物体,如果其内部有缺陷,缺陷与材料之间便存在界面,则一部分入射的超声波在缺陷处被反射回来,形成反射波。这些反射波会被超声波检测仪接收并转化为相应的信号,通过分析这些信号,我们可以推断出涂层厚度。超声波检测具有检测速度快、操作简便、成本低廉等优点,是一种可靠、高效的无损检测手段。

2. 试验依据

《钢结构现场检测技术标准》(GB/T 50621—2010)。

《钢结构工程施工质量验收标准》(GB 50205—2020)。

《钢结构防火涂料应用技术规程》(T/CECS 24—2020)。

二、仪具与材料

涂层厚度测定仪、钢尺等。涂层厚度测定仪及其使用如图 9-1 所示。

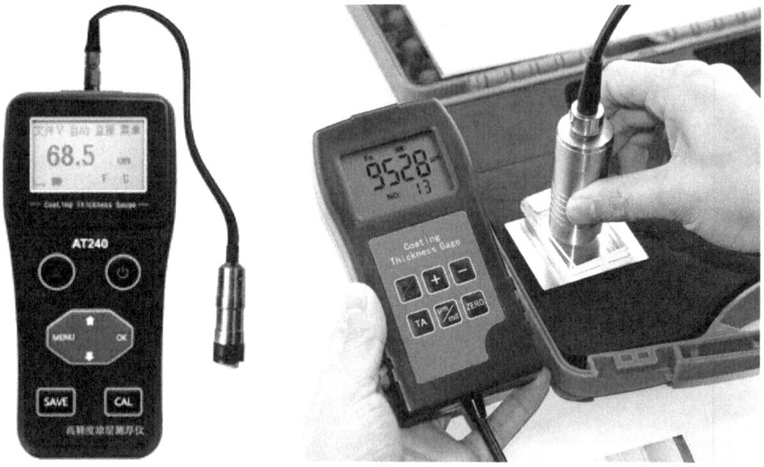

图 9-1　涂层厚度测定仪及其使用

三、方法与步骤

1. 资料收集

现场检测前,需要收集以下资料:

(1)工程名称及设计单位、施工单位、监理单位和建设单位的名称。

(2)结构或构件名称、外形尺寸、数量。

(3)相关设计图纸、施工记录。

(4)检测原因。

2. 检测方法

不同类型涂料的涂层厚度,分别采用下列方法检测:

(1)漆膜厚度,用漆膜测厚仪检测,抽检构件的数量不应少于《建筑结构检测技术标准》(GB/T 50344—2019)中A类检测样本的最小容量,也不应少于3件;每件测5处,每处的数值为3个相距50mm的测点干漆膜厚度的平均值。

(2)对薄型防火涂料涂层厚度,采用涂层厚度测定仪检测,检测方法应符合《钢结构防火涂料应用技术规程》(T/CECS 24—2020)的规定,按同类构件数抽查10%,且均不应少于3件。

(3)对厚型防火涂料涂层厚度,采用测针和钢尺检测,量测方法应符合《钢结构防火涂料应用技术规程》(T/CECS 24—2020)的规定。

四、数据处理与结果分析

(1)涂层的厚度值和偏差值应按《钢结构工程施工质量验收标准》(GB 50205—2020)的规定进行评定。

(2)钢结构涂层厚度检测报告见表9-1。

钢结构涂层厚度检测报告 表9-1

工程名称： 编号：

施工单位			检验日期	
监理单位			设计厚度	
涂刷日期			涂刷方法	
检验仪器名称			检定有效期及证书号	
涂(镀)层厚度检验结果				
选择构件	检验部位	测点数量	实测厚度(μm)	平均值
检测结果				
专业监理工程师： 年 月 日	质检员： 年 月 日	钢结构施工员： 年 月 日		

工作任务十 静力触探试验

一、基本知识

1. 适用范围

适用于软土,一般黏性土、粉土、砂土和含少量碎石的土。

2. 检测依据

《岩土工程勘察规范(2009年版)》(GB 50021—2001)。

3. 检测原理

用静力匀速将标准规格的控头压入土中,同时量测探头阻力,测定土的力学特性,具有勘探和测试双重功能。孔压静力触探试验除静力触探原有功能外,在探头上附加孔隙水压力量测装置,用于量测孔隙水压力增长与消散。

二、仪具与材料

试验设备主要有触探主机、反力装置、探头等。

三、方法与步骤

(1)平整试验场地,设置反力装置。将触探主机对准孔位,调平机座(用分度值为1mm的水准尺校准),并紧固在反力装置上。

(2)将已穿入探杆的传感器引线按要求接到量测仪器上,打开电源开关,预热并调试到正常工作状态。

(3)贯入前应试压探头,检查顶柱、锥头、摩擦筒等部件工作是否正常。当测孔隙压力时,应使孔压传感器透水面饱和。正常后将连接探头的探杆插入导向器,调整垂直并紧固导向装置,必须保证探头垂直贯入土中。启动动力设备并调整到正常工作状态。

(4)采用自动记录仪时,应安装深度转换位置,并检查卷纸机构动转是否正常;采用电阻应变仪或数字测力仪时,应设置深度标尺。

(5)将探头按(1.2±0.3)m/min的速度匀速贯入土中0.5~1.0m(冬季应超过冻结线),然后稍提升,使探头传感器处于不受力状态。待探头温度与地温平衡后(仪器零位基本稳定),将仪器调零或记录初读数,即可进行正常贯入。在深度6m内,一般每贯入1~2m,应提升探头检查温漂并调零。

(6)以下每贯入5~10m应提升探头检查回零的情况。当出现异常时,应检查原因并及时处理。

(7)贯入过程中,当采用自动记录时,应根据贯入阻力大小合理选用供桥电压,并随时核对，校正深度记录误差，做好记录；使用电阻应变仪或数字测力计时，一般每隔 0.1 ~ 0.2m 记录读数 1 次。

(8) 当测定孔隙压力消散时，应在预定的深度或土层停止贯入，并按适当的时间间隔或自动测读孔隙水压力消散值，直至基本稳定。

(9) 当贯入预定深度或出现下列情况之一时，应停止贯入：

①触探主机达到额定贯入力，探头阻力达到最大容许压力。

②反力装置失效。

③发现探杆弯曲已超过容许的程度。

(10) 试验结束后应及时起拔探杆，并记录仪器的回零情况。探头拔出后应立即清洗上油，妥善保管，以防止探头被曝晒或受冻。

(11) 注意事项：

①探头圆锥锥底截面积应采用 $10cm^2$ 或 $15cm^2$，单桥探头侧壁高度应分别采用 57mm 或 70mm，双桥探头侧壁面积应采用 150 ~ $300cm^2$，锥尖锥角应为 60°。

②探头应匀速垂直压入土中，贯入速率为 1.2m/min。

③探头测力传感器应同仪器、电缆进行定期标定，室内探头标定测力传感器的非线性误差、重复性误差、滞后误差、温度漂移、归零误差小于 1% FS，现场试验归零误差小于 3%，绝缘电阻不小于 500MΩ。

④深度记录的误差不应大于触探深度的 ±1%。

⑤当贯入深度为 30m 时，或穿过厚层软土后再贯入硬土层时，应采取措施防止孔斜或断杆；也可以配置测斜探头，量测触探孔的偏斜角，校正土层界线的深度。

⑥孔压探头在贯入前，应在室内保证探头应变腔为已排除气泡的液体所饱和，并在现场采取措施保持探头的饱和状态，直至探头进入地下水位以下的土层为止。在孔压静探试验过程中不得上提探头。

⑦当在预定深度进行孔压消散试验时，应量测停止贯入后不同时间的孔压值，其计时间隔由密到疏合理控制；试验过程不得松动探杆。

⑧试验点与已有钻孔、触探孔、十字板试验孔等的距离，建议不小于 20 倍已有的孔径。

⑨试验前应根据试验场地的地质情况，合理选用探头，使其在贯入过程中，仪器的灵敏度较高而又不致损坏。

⑩试验点必须避开地下设施（如管道、电缆等），以免发生意外。

⑪由于人为或设备的故障，贯入中断 10min 以上的，应及时排除故障。故障处理后，重新贯入前应提升探头，测记零读数。对超深触探孔分两次或多次贯入时，或者在钻孔底部进行触探时，在深度衔接点以下的扰动段，其测试数据应舍弃。

⑫应该注意安全操作和安全用电。

⑬当使用液压式触探主机、电动丝杆式触探主机时，活塞杆、丝杆的行程不得超过上、下限位，以免损坏设备。

⑭采用拧锚机时，应待准备就绪后方可启动。拧锚过程中如遇障碍，应立即停机处理。

四、数据处理与结果分析

(1)绘制各种贯入曲线：单桥和双桥探头应绘制 p_S-H 曲线、q_C-H 曲线、f_S-H 曲线、R-H 曲线；孔压探头尚应绘制 u_i-H 曲线、q_t-H 曲线、Bq-H 曲线和孔压消散曲线 u_T-lg$t$ 曲线。其中，R_r 为摩阻比；u_i 为孔压探头贯入土中量测的孔隙水压力(初始孔压)；q_t 为真锥头阻力(经孔压修正)；f_t 为真侧壁摩阻力(经孔压修正)；B_q 为静探孔压系数；u_t 为孔压消散过程时序 T 的孔隙水压力。

(2)根据贯入曲线的线形特征，结合相邻钻孔资料和地区经验，划分土层和判定土类；计算各土层静力触探有关试验数据的平均值，或者对数据进行统计分析，总结静力触探数据的空间变化规律。

静力触探试验报告见表 10-1。

静力触探试验报告

表 10-1

委托单位				报告编号		
工程名称				委托编号		
触孔地点				试验日期		
触孔编号				记录编号		
设计深度				报告日期		
试验深度（m）	土层名称	比贯入阻力 p_s(MPa)	锥头 q_c 或 p_s(MPa)	侧壁摩擦阻力 f_s(kPa)	摩阻比 R_f(%)	承载力 σ_0(kPa)
成果图						
检测评定依据						
试验结论						

试验： 校核：

工作任务十一　圆锥动力触探试验

一、基本知识

1. 适用范围

(1)轻型:浅部的填土、砂土、粉土、黏性土。

(2)重型:砂土、中密以下的碎石土、极软岩。

(3)超重型:密实和很密的碎石土、软岩、极软岩。

2. 检测依据

《岩土工程勘察规范(2009年版)》(GB 50021—2001)。

《公路桥涵地基与基础设计规范》(JTG 3363—2019)。

3. 检测原理

用一定质量的重锤,以一定高度的自由落距,将标准规格的圆锥形探头贯入土中,根据贯入一定深度所需的锤击数,判定土的力学特性,具有勘探和测试双重功能。

二、仪具与材料

试验设备由落锤、探杆、探头组成,圆锥动力触探试验设备的规格要求详见《岩土工程勘察规范(2009年版)》(GB 50021—2001)。

三、方法与步骤

(1)锤击能量是最重要的因素。规定落锤方式采用控制落距的自动落锤,使锤能比较恒定,注意保持探杆垂直,探杆的偏斜度不超过2%。锤击时防止偏心及探杆晃动。

(2)触探杆与土间的侧摩阻力是另一个重要的因素。试验过程中,可采取下列措施减少侧摩阻力的影响。

①使探杆直径小于探头直径。在砂土中探头直径与探杆直径之比应大于1.3,而在黏土中可小些。

②贯入一定深度后旋转探杆(每1m转动一圈或半圈),以减少侧摩阻力;贯入深度超过10m,每贯入0.2m,转动一次。

③探头的侧摩阻力与土类、土性、杆的外形、刚度、垂直度、触探深度等均有关,很难用一固定的修正系数处理,应采取切合实际的措施,减少侧摩托阻力,对贯入深度加以限制。

(3)锤击速度也影响试验成果,一般采用15~30击/min;在砂土、碎石土中,锤击速度影响不大,可采用60击/min。

(4)贯入过程应为不间断地连续贯入,在黏性土中击入的间歇会使侧摩阻力增大。

(5)地下水位对击数与土的力学性质的关系没有影响,但对击数与土的物理性质(砂土孔隙比)的关系有影响,故应记录地下水位埋深。

四、数据处理与结果分析

(1)重型圆锥动力触探、超重型圆锥动力触探试验锤击数应视杆长 L 进行修正[具体规定见《公路桥涵地基与基础设计规范》(JTG 3363—2019)附录 C]。

(2)根据触探击数、曲线形态,结合钻探资料可进行力学分层,分层时应注意超前滞后现象,不同土层的超前滞后量是不同的。

上为硬土层下为软土层,超前为0.5~0.7m,滞后约为0.2m;上为软土层下为硬土层,超前为0.1~0.2m,滞后为0.3~0.5m。

(3)在整理触探资料时,应剔除异常值,在计算土层的触探指标平均值时,超前后范围内的值不反映真实土性;临界深度以内的锤击数偏小,不反映真实土性,故不应参加统计。动力触探本来是连续贯入的,但也有配合钻探、间断贯入的做法。间断贯入时,临界深度以内的锤击数同样不反映真实土性,不应参加统计。

(4)在整理多孔触探资料时,应结合钻探资料进行分析,对均匀土层,可用厚度加权平均法统计场地分层平均触探击数值。

(5)动力触探指标可用于评定土的状态、地基承载力、场地均匀等,这和评定系统一样建立在地区经验的基础上。

(6)圆锥动力触探试验检测报告参考以下工程示例(表 11-1),可按照工程示例中的数据尝试计算分析。

圆锥动力触探试验检测报告 表 11-1

<table>
<tr><td>任务单号</td><td colspan="4"></td><td colspan="2">环境条件</td><td colspan="2"></td></tr>
<tr><td>试验日期</td><td colspan="4"></td><td colspan="2">试验设备</td><td colspan="2"></td></tr>
<tr><td>试验规程</td><td colspan="4"></td><td colspan="2">试验人员</td><td colspan="2"></td></tr>
<tr><td>评定标准</td><td colspan="4"></td><td colspan="2">复核人员</td><td colspan="2"></td></tr>
<tr><td>现场桩号</td><td colspan="4">K56 +029 圆管涵</td><td colspan="2">地基土质</td><td colspan="2">黏土</td></tr>
<tr><td>工程部位</td><td colspan="4">基础</td><td colspan="2">现场描述</td><td colspan="2">基底为黄土</td></tr>
<tr><td>试验方法</td><td colspan="4">轻型触探法</td><td colspan="2">设计承载力(kPa)</td><td colspan="2">135</td></tr>
<tr><td>换算公式</td><td colspan="8">$R = 8 \times N - 20$
(R——地基允许承载力;N——轻型触探仪锤击数)</td></tr>
<tr><td>测点位置(编号)</td><td>1</td><td>2</td><td>3</td><td>4</td><td>5</td><td>6</td><td>7</td><td>8</td></tr>
<tr><td>0 ~ 30cm 锤击数 N</td><td>27</td><td>23</td><td>26</td><td>25</td><td>21</td><td>23</td><td>29</td><td>30</td></tr>
<tr><td>地基实测承载力(kPa)</td><td colspan="8">184</td></tr>
<tr><td>30 ~ 60cm 锤击数 N</td><td>—</td><td>—</td><td>—</td><td>—</td><td>—</td><td>—</td><td>—</td><td>—</td></tr>
<tr><td>地基实测承载力(kPa)</td><td colspan="8">—</td></tr>
<tr><td>60 ~ 90cm 锤击数 N</td><td>—</td><td>—</td><td>—</td><td>—</td><td>—</td><td>—</td><td>—</td><td>—</td></tr>
<tr><td>地基实测承载力(kPa)</td><td colspan="8">—</td></tr>
<tr><td>90 ~ 120cm 锤击数 N</td><td>—</td><td>—</td><td>—</td><td>—</td><td>—</td><td>—</td><td>—</td><td>—</td></tr>
<tr><td>地基实测承载力(kPa)</td><td colspan="8">—</td></tr>
<tr><td>现场测点分布示意图</td><td colspan="8"></td></tr>
<tr><td>结论</td><td colspan="8">根据“某工程公路施工图设计”涵洞通用图中规定,该圆管涵基础地基承载力满足设计要求,合格</td></tr>
<tr><td>备注</td><td colspan="8"></td></tr>
</table>

检测: 记录: 计算: 校核:

工作任务十二　标准贯入试验

一、基本知识

1. 基本原理

标准贯入试验的目的是用测得的标准贯入锤击数 N,判断砂土的密实程度或黏性土的稠度,以确定地基土的容许承载力;评定砂土的振动液化势和估计单桩的承载力;确定土层剖面和取扰动土样进行一般物理性试验。

2. 适用范围

标准贯入试验主要适用于一般黏性土、粉土和砂土,不适用于软塑～流塑的软土。

二、仪具与材料

标准贯入试验设备主要由标准贯入器、触探杆和穿心锤等部件组成,各部分结构尺寸见表 12-1。

各部分结构尺寸　　表 12-1

<table>
<tr><td colspan="2" rowspan="2">穿心锤</td><td>锤的质量(kg)</td><td>63.5</td></tr>
<tr><td>落距(cm)</td><td>76</td></tr>
<tr><td rowspan="6">贯入器</td><td rowspan="3">对开管</td><td>长度(mm)</td><td>>500</td></tr>
<tr><td>外径(mm)</td><td>51</td></tr>
<tr><td>内径(mm)</td><td>35</td></tr>
<tr><td rowspan="3">管靴</td><td>长度(mm)</td><td>50～76</td></tr>
<tr><td>刃口角度(°)</td><td>18～20</td></tr>
<tr><td>刃口单刃厚度(mm)</td><td>1.6</td></tr>
<tr><td colspan="2" rowspan="2">触探杆</td><td>直径(mm)</td><td>42</td></tr>
<tr><td>相对弯曲</td><td><1/1000</td></tr>
</table>

(1)穿心锤(落锤):重 63.5kg,自由落距 76cm,应配有自动落锤装置。

(2)贯入器:标准规格的圆筒形探头,是由两个半圆管合成的取土器,尺寸如图 12-1 所示。

(3)触探杆(钻杆):外径 42mm 的钻杆。

(4)锤垫:承受锤击的钢垫,附导向杆,两者总质量以不超过30kg为宜。

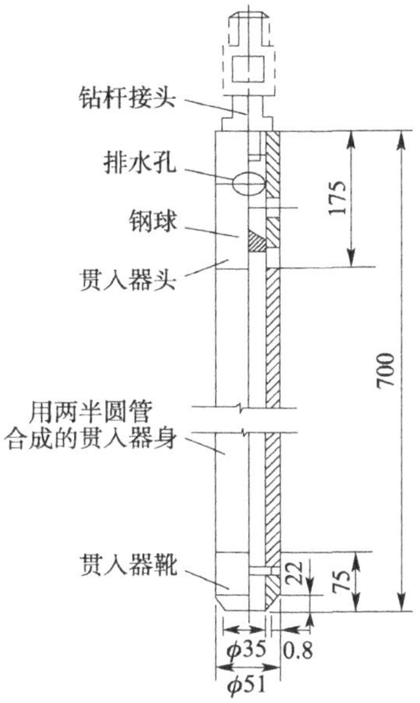

图12-1 标准贯入器结构图(尺寸单位:mm)

三、方法与步骤

1.标准贯入试验的设备和测试方法

标准贯入试验的设备和测试方法在世界上已基本统一。其测试程序和相关要求如下:

(1)用钻具钻至试验土层高程以上0.15m处,清除残土。清孔时,应避免试验土层受到扰动。当在地下水位以下的土层中进行试验时,应使孔内水位保持高于地下水位,以免出现涌砂和塌孔;必要时,应下套管或用泥浆护壁。

(2)贯入前应拧紧钻杆接头,将贯入器放入孔内,避免冲击孔底,注意保持贯入器、钻杆、导向杆连接后的垂直度。孔口宜加导向器,以保证穿心锤中心施力。贯入器放入孔内后,应测定贯入器所在深度,要求残土厚度不大于0.1m。

(3)将贯入器以击打频率15~30击/min,先打入土中0.15m,不计锤击数;然后开始记录每打入0.10m及累计0.30m的锤击数N,并记录贯入深度与试验情况。若遇密实土层,锤击数超过50击时,不应强行打入,并记录50击的贯入深度。

(4)旋转钻杆,然后提出贯入器,取贯入器中的土样进行鉴别、描述记录,并测量其长度。将需要保存的土样仔细包装、编号,以备试验之用。

(5)重复步骤(1)~(4),进行下一深度的标准贯入试验,直至所需深度。一般每隔1m进行一次标准贯入试验。

2.注意事项

(1)必须保持孔内水位高出地下水位一定高度,以免塌孔,保持孔底土处于平衡状态,不使孔底发生涌砂变松,影响N值。

(2)下套管不要超过试验高程。

(3)必须缓慢地下放钻具,避免对孔底土的扰动。

(4)细心地清除孔底浮土;孔底浮土应尽量少,其厚度不得大于10cm。

(5)如钻进中需取样,则不应在锤击法取样后立刻做标准贯入试验,而应在继续钻进一定深度(可根据土层软硬程度而定)后再做标准贯入试验,以免人为增大 N 值。

(6)钻孔直径不宜过大,以免加大锤击时探杆的晃动;钻孔直径过大时,可减少 N 至50%,建议钻孔直径上限为100mm,以免影响 N 值。

(7)若遇比较密实的土层,贯入深度不足30cm的锤击数已达50击时,应终止试验,并记录实际贯入深度 ΔS,按下式换算成相当于30cm的标准贯入试验锤击数 N:

$$N = 30 \times \frac{50}{\Delta S} \tag{12-1}$$

式中:N——换算成贯入30cm的锤击数;

ΔS——50击时的贯入度cm。

(8)标准贯入试验和圆锥动力触探试验方法的不同点,主要是前者不能连续贯入,每贯入0.45m必须提钻一次,然后换钻头进行回转,钻进至下一试验深度,重新开始试验。另外,标准贯入试验试验不宜在含有碎石的土层中进行,只宜用于黏性土、粉土和砂土,以免损坏标准贯入器的管靴刃口。

四、数据处理与结果分析

(1)标准贯入试验数据整理时,资料应当齐全,包括钻孔孔径、钻进方式、护孔方式、落锤方式、地下水位及孔内水位(泥浆高程)、初始贯入度、预打击数、标准贯入试验击数、记录深度、贯入器所取扰动土样的鉴别描述等。

(2)由于钻杆的弹性压缩会引起能量损耗,钻杆过长时传入贯入器的动能降低,因而减少每击的贯入深度,即提高了锤击数,所以需要根据杆长对锤击数进行修正:

$$N = \alpha N_0 \tag{12-2}$$

式中:N——修正后的锤击数;

α——修正系数,按钻杆长度由表12-2选用;

N_0——实际记录的锤击数。

标准贯入试验钻杆长度修正系数 表12-2

钻杆长度(mm)	3	6	9	12	15	18	21
α	1.00	0.92	0.86	0.81	0.77	0.73	0.70

(3)绘制标准贯入试验锤击数 N 与深度 H 的关系曲线(图12-2),或在地质剖面图上,标出试验深度处的 N 值。

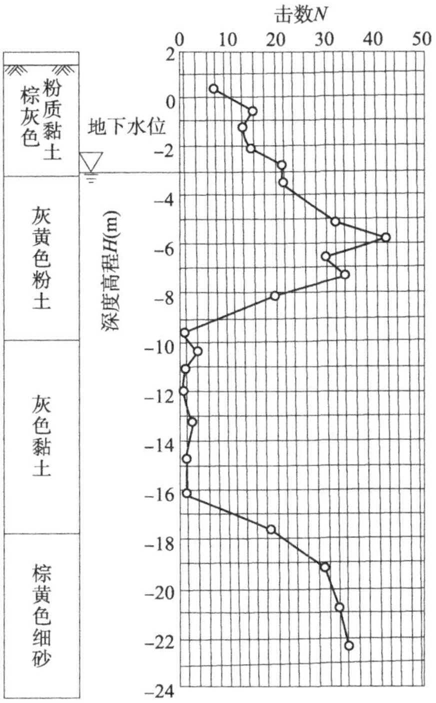

图 12-2 *N-H* 关系曲线

(4)结合钻探及其他原位试验,依据 *N* 值在深度上的变化,对各土层的 *N* 值进行统计,统计时要剔除个别异常值。

标准贯入试验记录表见表 12-3。

标准贯入试验记录表 表 12-3

工程名称							日期			
钻孔位置				孔口高程(m)			地下水位(m)			
序号	试验段(m)		触杆总长(m)	地面余长(m)	实测锤击数 N'	任意贯入量 ΔS 锤击数 n	$N=30n/\Delta S$ (击/0.30m)	修正后锤击数 $N=\alpha N'$	地层岩性	备注
	自	至								

检测: 记录: 计算: 校核:

注:1. 将贯入器打入试验土层,先打入 15cm 不计击数,继续贯入土中 30cm,记录锤击数。若砂层比较密实,贯入击数较大(超过 50 击),可记录小于 30cm 的锤击数,并在表中备注处说明。

2. 应用范围为黏性土、砂土,一般每隔 0.5 ~ 1.0m 进行一次试验。

3. 贯入器中土样进行鉴别描述填入表中,并取代表性土样进行试验(含水率、液限、塑限以及粒度分析)。

工作任务十三　平板载荷试验

一、适用范围

可用于确定浅部地基、承压板下应力影响范围内土层的承载力。

二、检测依据

《岩土工程勘察规范(2009 年版)》(GB 50021—2001)。
《公路桥涵地基与基础设计规范》(JTG 3363—2019)。

三、主要仪器设备

(1)试验加载设备,一般采用油压千斤顶及加载反力装置。

(2)荷载测量可用压力传感器直接测定,或采用油压表测定油压,根据千斤顶率曲线换算荷载。

(3)沉降测量采用位移传感器或百分表。

(4)基准梁。

(5)承压板:宜采用圆形刚性承压板,面积不小于 $0.25m^2$;对于软土和粒径较大的填土,面积不应小于 $0.5m^2$。

四、试验条件

(1)载荷试验应布置在有代表性的地点,并位于基础底高程处,每个场地不宜少于 3 个。当场地岩土体不均时,应适当增加。

(2)浅层平板载荷试验基坑宽度或直径不应小于承载板宽度或直径的 3 倍。

(3)试坑底的岩土应避免扰动,保持试验土层的原状结构和天然湿度。宜在拟试压表面用粗砂或中砂找平,其厚度不超过 20mm,并尽快安装试验设备。

五、试验步骤

(1)加荷分级不应少于 8 级,最大加载量不应小于设计要求的 2 倍。

(2)每级加载后,按间隔 10min、10min、10min、15min、15min 分别测读一次沉降量,以后每隔 30min 测读一次沉降量。当连续 2h 内,每小时的沉降量不大于 0.1mm 时,则认为已趋稳定,施加下一级荷载。

(3)当出现下列情况之一时,即可终止加载:

①承载板周围的土明显地侧向挤出。

②沉降量急骤增大,荷载-沉降(P-S)曲线出现陡降段。

③在某一级荷载下,24h 内沉降速率不能达到相对稳定。

④总沉降量与承压板宽度或直径之比超过0.06。

当满足前三种情况之一时,其对应的前一级荷载定为极限荷载。

六、试验结果

(1)承载力特征值的确定应符合下列规定:

①当 P—S 曲线上有比例界限时,取该比例界限所对应的荷载值。

②当极限荷载小于对应比例界限所对应的荷载值的2倍时,取极限荷载值的一半。

③当不能按上述2个要求确定,且压板面积为 $0.25 \sim 0.5m^2$ 时,可取 s/d 或 $s/b = 0.01 \sim 0.015$ 所对应的荷载值,但其值不应大于最大加载量的一半。

(2)同一土层参加统计的试验点不应少于3个,当试验实测值的极差不超过其平均值的30%时,取此平均值作为该土层的地基承载力特征值。

(3)浅层平板载荷试验记录表见表13-1。某工程浅层平板载荷试验检测报告示例见表13-2,试验得到 P-S 曲线和 S-lg$P$ 曲线分别见图13-1和图13-2。

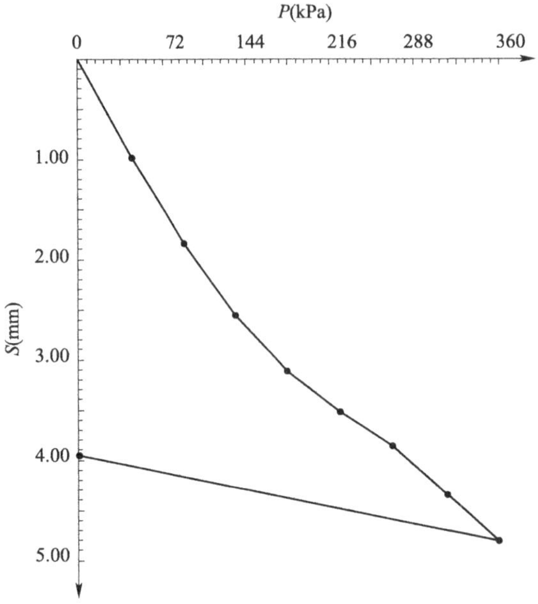

图13-1 P-S 曲线

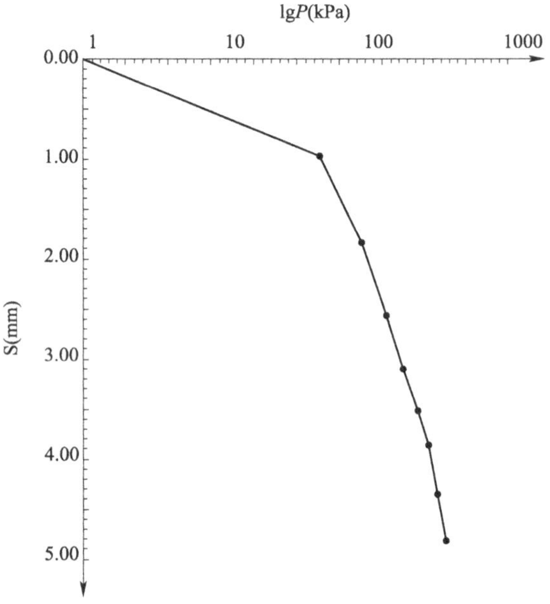

图13-2 S-lg$P$ 曲线

浅层平板载荷试验记录表

表 13-1

工程名称											
工程地点						试点编号					
油压	荷载	观测时刻	间隔时间	百分表/千分表/位移传感器读数				平均值	沉降(mm)		累计沉降
				表 1	表 2	表 3	表 4		本次	本级	

检测： 记录： 计算： 校核：

某工程浅层平板载荷试验检测报告举例 表 13-2

工程名称:某工程 6 号楼				试点编号:0001	
测试日期:20××-××-××		设计荷载:180kPa		压板面积:1.0m^2	
级数	荷载(kPa)	本级沉降(mm)	累计沉降(mm)	本级历时(min)	累计历时(min)
1	45	0.99	0.99	120	120
2	90	0.87	1.86	150	270
3	135	0.73	2.59	180	450
4	180	0.55	3.14	150	600
5	225	0.42	3.56	150	750
6	270	0.33	3.89	150	900
7	315	0.49	4.38	150	1050
8	360	0.47	4.85	150	1200
9	0	-0.86	3.99	180	1380

注:最大加载量:360kPa,最大位移量:4.85mm,最大回弹量:0.00mm,回弹率:0.0%。

工作任务十四　低应变反射波法检测基桩完整性

一、适用范围

本方法适用于检测混凝土的桩身完整性，判定桩身缺陷的程度及位置。

二、仪器设备

用于低应变反射波法测试的仪器一般由速度(加速度)传感器、信号放大器、数据采集装置和显示记录等部分组成。基本要求如下：

(1)加速传感器频率范围不宜小于3000Hz，速度传感器频率范围宜为10～800Hz；放大器增益宜大于60bB且可调，频率范围宜为5～5kHz；数据采集器采样频率不宜小于100kHz。

(2)整个检测系统应具有可靠的防尘、防潮、防震性能，各部分之间匹配良好，整机系统误差小于5%。

三、检测方法及原理

本方法把混凝土桩视为一维弹性杆件，当桩顶受冲击后，激发应力波。瞬态应力波沿桩身向下传播，传至波阻抗界面(缺陷或桩底)而产生反射波信号。通过安装在桩顶的高灵敏度速度或加速传感器，接收反射应力波，分析应力波各种特征，可综合判断桩身质量。

四、现场检测

低应变反射波法检测流程图如图14-1所示。

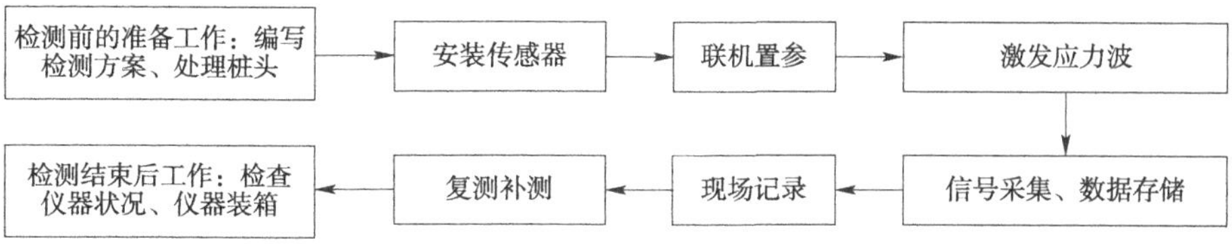

图14-1　低应变反射波法检测流程图

1. 试验前的准备工作

(1)了解工程项目和现场环境情况，收集工程地质勘察资料、工程桩施工工艺和施工记录及桩位图等，填写现场检测联系表。

(2)根据现场实际条件，制订详细的检测方案。

(3)指导现场施工单位做好桩头处理，使被检测桩头完好、平整、强度均匀。灌注桩应凿去桩头疏松浮浆。

2. 安装传感器

(1)传感器安装应与桩顶面垂直。用耦合剂粘结时，应具有足够的粘结强度。

(2)实心桩的激振点位置应选择在桩中心,测量传感器宜安装在距桩中心 2/3 半径处;空心桩的激振点与测量传感器安装位置宜在同一水平面上,且宜与桩中心连线形成 90°夹角,激振点和测量传感器安装位置为桩壁厚的 1/2 处。

(3)激振点与测量传感器安装位置应避开钢筋笼的主筋影响。激振方向应沿桩轴线方向。

(4)瞬态激振应通过现场敲击试验,选择合适重量的激振力锤和锤垫。宜用宽脉冲获取桩底或桩身下部缺陷反射信号,宜用窄脉部获取桩身上部缺陷反射信号。

3. 联机置参

(1)传感器类型与主机连接时应保证传感器类型与主机接口类型一致,随后开机自检、设置参数。参数包括工地名称(存盘子目录)、桩号(文件名)、桩径、桩长、传感器类型、采样间隔、通道带宽。

(2)采样间隔设备原则:时域信号分析的时间段长度在 $2L/c$(L 为桩长、c 为混凝土中的波速)时刻后延续不少于 5ms,幅频信号分析的频率范围上限不应小于 2000Hz。设定桩长为桩顶测点至桩底的施工桩长,桩身截面积应为施工截面积,则桩身波速可根据本地区同类型桩的测试值初步设定,采样时间间隔或采样频率应根据桩长、桩身波速和频域分辨率合理选择;时域信号采样点数不宜少于 1024 点。

4. 激发应力波

瞬态激振设备应包括能激发宽脉冲和窄脉冲的力锤和锤垫,激振点宜选择在桩顶中心部位。当检测长桩的桩底反射信息或深部缺陷时,宜选择大锤或力棒;当检测短桩或浅部缺陷时,宜选择小锤。

5. 信号采集、数据存储

每根桩检测信号宜采集 4 道,每道长度不少于 1024 字节。当波形一致性好、桩底反射明显、无异常时可存盘,检测下一根;如波形一致性差,或出现异常时应复测,必要时重新处理桩头后再复测。

6. 现场记录

现场记录应包括低应变测试现场仪器使用记录和低应变反射波法检测原始记录表。

7. 复测补测

检测结束前应对出现异常的桩进行数据重现性复测;复查低应变现场原始记录表,如有错测或漏测应立即补测。

8. 检测结束后工作

检测结束时,先检查仪器工作状况,擦拭干净后方可装箱。

五、数据处理

(1)通过串口将主机的测试数据传入计算机。

计算平均速度:

①当桩长已知、桩底反射信号明显时,在工程地质条件、设计类型、成桩工艺相同的基桩中选取不少于 5 根 Ⅰ 类桩的桩身波速值,按下列公式计算其平均值:

$$c_m = \frac{1}{n}\sum_{i=1}^{n} c_i \tag{14-1}$$

$$c_i = \frac{2000L}{\Delta T} \tag{14-2}$$

$$c_i = 2L \cdot \Delta f \tag{14-3}$$

式中：c_m——桩身波速平均值，m/s；

c_i——第 i 根受检桩的桩身波速值，m/s，且$\frac{|c_i - c_m|}{c_m} \leqslant 5\%$；

L——完整桩桩长，m；

ΔT——时域信号第一峰与桩端反射波峰间的时间差，ms；

Δf——幅频曲线上桩端相邻谐振峰间的频差，Hz；

n——基桩数量（$n \geqslant 5$）。

②当无法按上面几个公式确定波速时，波速平均值可根据本地区相同桩型及成桩工艺的其他桩基工程的测试结果，并结合桩身混凝土强度等级综合确定。

（2）桩身缺陷位置应按下列公式计算：

$$x = \frac{1}{2000} \cdot \Delta t_x \cdot c \tag{14-4}$$

$$x = \frac{1}{2} \cdot \frac{c}{\Delta f'} \tag{14-5}$$

式中：x——测点至桩身缺陷之间的距离，m；

Δt_x——时域信号第一峰与缺陷反射波峰间的时间差，ms；

c——受检桩的桩身波速，m/s，无法确定时用 c_m 值替代；

$\Delta f'$——幅频曲线所对应缺陷相邻谐振峰间的频差，Hz。

（3）桩身完整性类型应结合缺陷出现的深度、测试信号衰减特性以及设计桩型、成桩工艺、地质条件、施工情况，按表 14-1 实测时域或幅频信号特征进行综合分析判定。

低应变反射波法检测基桩完整性现场记录表和检测报告分别见表 14-2 和表 14-3。

桩身完整性类别评判表　　表 14-1

类别	时域信号特征	频域信号特征
Ⅰ	$2L/c$ 时刻前无缺陷反射波，有桩底反射波信号	可见规律的等间距桩底谐振峰，其相邻频差 $\Delta f \approx c/(2L)$
Ⅱ	$2L/c$ 时刻前有局部轻微缺陷反射波，有桩底反射波信号	桩底谐振峰基本等距，其相邻频差 $\Delta f \approx c/(2L)$，局部轻微缺陷产生的谐振峰与桩底谐振峰之间的频差 $\Delta f_x > c/(2L)$
Ⅲ	$2L/c$ 时刻前有明显的缺陷反射波，桩底反射信号不明显，其他特征介于Ⅱ类和Ⅲ类之间	
Ⅳ	$2L/c$ 时刻前有严重的缺陷反射波，或因桩身严重缺陷使波形呈多次大振幅反射，无桩底反射信号	严重缺陷峰-峰值排列基本等间距，相邻频差 $\Delta f_x > c/(2L)$，无桩底谐振峰；或因桩身浅部严重缺陷只出现单一谐振峰

低应变反射波法检测基桩完整性现场记录表 表 14-2

第 页/共 页

工程名称		建设单位	
设计单位		监理单位	
施工单位		仪器型号/编号	
传感器型号/编号		检测日期	
检测依据	《公路工程基桩检测技术规程》(JTG/T 3512—2020)		
相关资料	□设计文件 □地质资料 □施工记录(成孔、灌注) □其他		

<table>
<tr><td>测点布置示意图</td><td>桩号</td><td></td><td>桩径(m)</td><td></td><td>设计桩长(m)</td><td></td></tr>
<tr><td rowspan="7">路线前进方向
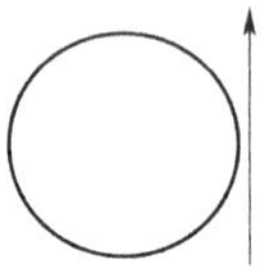</td><td>测点</td><td>采样点数</td><td>混凝土设计等级</td><td></td><td>实测桩长(m)</td><td></td></tr>
<tr><td>1</td><td></td><td>成桩日期</td><td></td><td>接桩/系梁(m)</td><td></td></tr>
<tr><td>2</td><td></td><td>成孔方式</td><td></td><td rowspan="2">桩顶/底高程</td><td></td></tr>
<tr><td>3</td><td></td><td>灌注方法</td><td></td><td></td></tr>
<tr><td>4</td><td></td><td colspan="4" rowspan="3">备注：</td></tr>
<tr><td>5</td><td></td></tr>
<tr><td>6</td><td></td></tr>
<tr><td>测点布置示意图</td><td>桩号</td><td></td><td>桩径(m)</td><td></td><td>设计桩长(m)</td><td></td></tr>
<tr><td rowspan="7">路线前进方向
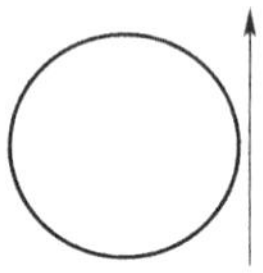</td><td>测点</td><td>采样点数</td><td>混凝土设计等级</td><td></td><td>实测桩长(m)</td><td></td></tr>
<tr><td>1</td><td></td><td>成桩日期</td><td></td><td>接桩/系梁(m)</td><td></td></tr>
<tr><td>2</td><td></td><td>成孔方式</td><td></td><td rowspan="2">桩顶/底高程</td><td></td></tr>
<tr><td>3</td><td></td><td>灌注方法</td><td></td><td></td></tr>
<tr><td>4</td><td></td><td colspan="4" rowspan="3">备注：</td></tr>
<tr><td>5</td><td></td></tr>
<tr><td>6</td><td></td></tr>
<tr><td colspan="7">桩位平面布置图</td></tr>
</table>

检测： 复核：

低应变反射波法检测基桩完整性检测报告

表 14-3

编号： 第 页/共 页

工程名称		被测桩号	
建设单位		设计桩长（m）	
设计单位		设计桩径（m）	
监理单位		混凝土设计等级	
施工单位		混凝土龄期	
测试规程	《公路工程基桩动测技术规程》（JTG/T 35-12—2020）； 《公路桥涵施工技术规范》（JTG/T 3650—2020）		
检测人员		检测日期	
检测方法	低应变反射波法	测试仪器	
桩型	钻孔灌注桩	实测桩长（m）	
检测波形			
波形图粘贴			
桩身完整性类别：		（盖章） 签发日期：	
备注			

主检： 校对： 审核： 批准：

工作任务十五　超声波法检测基桩完整性

一、基本知识

1. 适用范围

适用于已埋声测管的混凝土灌注桩桩身完整性检测，判定桩身缺陷的程度并确定其位置。

2. 试验依据

《建筑基桩检测技术规范》(JGJ 106—2014)。

《公路工程基桩检测技术规程》(JTG/T 3512—2020)。

二、仪器设备

1. 换能器

声波发射换能器与接收换能器应符合下列要求：

(1)圆柱状径向振动，沿径向无指向性。

(2)外径小于声测管内径，有效工作长度不大于150mm。

(3)谐振频率为30～50kHz。

(4)水密性满足1MPa水压不渗水。

2. 超声波检测仪

声波检测应符合下列要求：

(1)具有实时显示和记录接收信号的时程曲线以及频率测量或频谱分析功能。

(2)声时测量精度优于或等于0.5μs，声波幅值测量相对误差小于5%，系统频宽为1～200kHz，系统最大动态范围不小于100dB。

(3)声波发射脉冲为阶跃或矩形脉冲，电压幅值为200～1000V。

三、现场检测(以预埋管超声波透射法测桩为例)

(1)现场准备工作：

①疏通预埋管，在预埋管中灌满清水。②正确量取管间距(*AB*、*AC*、*BC*距离)，记录好桩号、编写方向等信息。③将发射换能器和接收换能器分别小心沉入*A*、*B*管(见后文表15-3)，直到两换能器轻触管底，记录下放的长度，然后分别接入主机发射和接收通道。

(2)仪器相关参数设置：

①开机，进入开机状态。②参数项设置。

(3)数据采集。

(4)数据存储。

(5)完成*AB*剖面的测试，将换能器提至下一测点，然后开始采样，重复上(3)(4)，正确地采集第二测点的信息，注意观察提示信息中点号和深度的变化，按照步距顺次移动换能器，直到 AB 剖面所有测点检测完成。

（6）现场分析检测结果：

①测点查看。②现场曲线分析。

（7）转换测试剖面。

（8）测点和重点和加密检测。

四、数据的处理

各测点的声时 t_c、声速 v、波幅 A_p 及主频 f 应根据检测数据，按下式计算，并绘制声速-深度（v-Z）曲线和波幅-深度（A_p-Z）曲线，需要时可绘制辅助的主频-深度（f-Z）曲线：

$$t_{ci} = t_i - t_0 - t' \tag{15-1}$$

$$v_i = \frac{l'}{t_{ci}} \tag{15-2}$$

$$A_{pi} = 20\lg \frac{a_i}{a_0} \tag{15-3}$$

$$f_i = \frac{1000}{T_i} \tag{15-4}$$

式（15-1）～式（15-4）中，t_{ci}-第 i 点声时，μs；t_i-超声波第 i 测点声时值，μs；t_0-声波检测系统延迟时间，μs；t'-声时修正值，μs；l'-两声测管的外壁间距离，mm；v_i-第 i 测点声速，km/s；A_{pi}-第 i 测点波幅值，dB；a_i-第 i 测点信号首波峰值，V；a_0-零分贝信号幅值，V；f_i-第 i 测点信号主频值，kHz，也可由信号频谱的主频求得；T_i-第 i 测点首波周期，μs。

五、波形的判定

桩身完整性类别应结合桩向混凝土各声学参数临界值、PSD（功率谱密度）判据以及混凝土声速低限值，按表 15-1 的特征进行综合判定。

桩身完整性判定参照表 表 15-1

类别	特征
Ⅰ	各声测剖面每个测点的声速，波幅均大于临界值，波形正常
Ⅱ	某一声测剖面个别测点的声速，波幅略小于临界值，但波形正常
Ⅲ	某一声测剖面连续或多个测点或某一深度截面处的声速，波幅小于临界值，PSD 值变大，波形畸变
Ⅳ	某一声测剖面连续多个测点或某一深度截面处的声速，波幅值明显小于临界值，PSD 值突变，波形严重畸变

超声波法检测基桩现场记录表见表 15-2。超声波法检测基桩完整性检测报告见表 15-3。

超声波法检测基桩现场记录表

表 15-2

检测：　　　　　　　　记录：　　　　　　　　第　页/共　页

工程名称		建设单位	
设计单位		监理单位	
施工单位		仪器型号/编号	
换能器型号/编号		检测日期	年　月　日
检测依据	《公路工程基桩检测技术规程》(JTG/T 3512—2020)		
相关资料	□报检单　□高程表　□设计文件　□变更文件　□施工记录(成孔、灌注)　□其他		

声测管布置示意图	桩号		设计桩径		设计桩长(m)	
路线前进方向 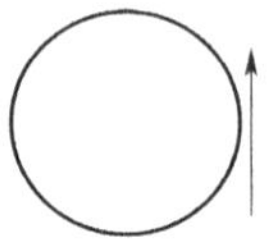	测区	测管距离(mm)	混凝土设计等级		实测桩长(m)	
			成桩日期		接桩长度(m)	
			备注：检测时混凝土面距钢筋笼顶______m			
声测管布置示意图	桩号		设计桩径		设计桩长(m)	
路线前进方向 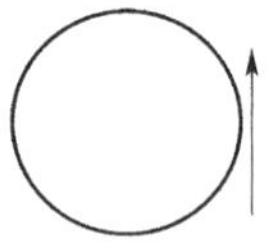	测区	测管距离(mm)	混凝土设计等级		实测桩长(m)	
			成桩日期		接桩长度(m)	
			备注：检测时混凝土面距钢筋笼顶______m			
声测管布置示意图	桩号		设计桩径		设计桩长(m)	
路线前进方向 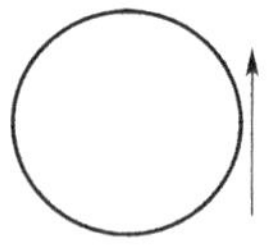	测区	测管距离(mm)	混凝土设计等级		实测桩长(m)	
			成桩日期		接桩长度(m)	
			备注：检测时混凝土面距钢筋笼顶______m			

备注(声测管材料、接管方式、其他情况)： 单根声测管长度： 声测管接头： 声测管底高于设计桩底：	桩位平面布置图

超声波法检测基桩完整性检测报告

表 15-3

编号：　　　　　　　　　　　　　　　　　　　　　　　　　　第　页/共　页

<table>
<tr><td>工程名称</td><td></td><td>被测桩号</td><td></td></tr>
<tr><td>建设单位</td><td></td><td>设计桩长(m)</td><td></td></tr>
<tr><td>设计单位</td><td></td><td>设计桩径(m)</td><td></td></tr>
<tr><td>监理单位</td><td></td><td>混凝土设计等级</td><td></td></tr>
<tr><td>施工单位</td><td></td><td>混凝土浇筑日期</td><td></td></tr>
<tr><td>测试规程</td><td colspan="3"></td></tr>
<tr><td>检测人员</td><td></td><td>检测日期</td><td></td></tr>
<tr><td>检测方法</td><td>超声波透射法</td><td>测试仪器</td><td></td></tr>
<tr><td>桩型</td><td>钻孔灌注桩</td><td>实测桩长(m)</td><td></td></tr>
<tr><td colspan="2" rowspan="2">测管平面布置示意图：
路线前进方向
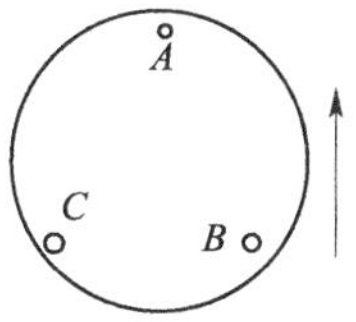

注：“ o ”表示声测管</td><td colspan="2">检测结果</td></tr>
<tr><td colspan="2">桩身质量描述：

（盖章）
年　月　日
签发日期：</td></tr>
<tr><td colspan="2">备注</td><td colspan="2">超声波检测曲线附后：</td></tr>
</table>

主检：　　　　　　校对：　　　　　　审核：　　　　　　批准：

工作任务十六　钻芯法检测基桩完整性

一、基本知识

1. 适用范围

适用于检测混凝土灌注桩的桩长、桩身混凝土强度、桩底沉渣厚度和桩身完整性，判定或鉴别桩底持力层岩土性状。

受检桩长径比较大时，成孔的垂直度和钻芯孔的垂直度很难控制，钻芯孔容易偏离出桩身，故受检桩桩径不宜小于 800mm，长径比不宜大于 30。

2. 检测依据

《建筑基桩检测技术规范》(JGJ 106—2014)。

《公路工程基桩检测技术规程》(JTG/T 3512—2020)。

3. 检测原理

钻芯法是检测现浇混凝土灌注桩成桩质量的一种有效手段，不受场地限制，特别适用于大直径混凝土灌注桩。钻芯法不仅可以直观地测试灌注桩的完整性，而且能够检测桩长、桩底沉渣厚度以及桩底岩土层的性状。钻芯法还是检验灌注桩桩身混凝土强度的可靠方法，这些检测内容是其他方法无法替代的。在各种桩身完整性检测方法中，钻芯法最为直观可靠。但该法取样部位有局限性，只能反映钻孔范围内的小部分混凝土质量，存在较大的盲区，容易以点带面造成误判或漏判。钻芯法对查明大面积的混凝土疏松、离析、夹泥、孔洞等比较有效，而对局部缺陷和水平裂缝等判断就不一定十分准确。另外，钻芯法还存在设备庞大、费工费时、价格昂贵的缺点。因此，钻芯法不宜用于大批量检测，而只能用于抽样检查，或作为对无损检测结果的验证手段。实践经验表明，采用钻芯法和超声法联合检测、综合判定的办法评定大直径灌注桩的质量，十分有效。

钻芯法测试现场图如图 16-1 所示。

二、仪具与材料

取芯机、锯切机、磨平机、万能材料试验机等。其中，取芯机结构示意图如图 16-2 所示。

三、方法与步骤

1. 现场取芯

(1)每根受检桩的钻芯孔数和钻孔位置宜符合下列规定：

①桩径小于 1200mm 的桩钻 1 孔，桩径为 1200 ~ 1600mm 的桩钻 2 孔，桩径大于 1600mm 的桩钻 3 孔。

②当钻芯孔为 1 个时，宜在距桩中心 100 ~ 150mm 的位置开孔；当钻芯孔为 2 个或 2 个以

上时，开孔位置宜在距桩中心(0.15～0.25)D内均匀对称布置。

a)　　b)

图16-1　钻芯法测试现场图

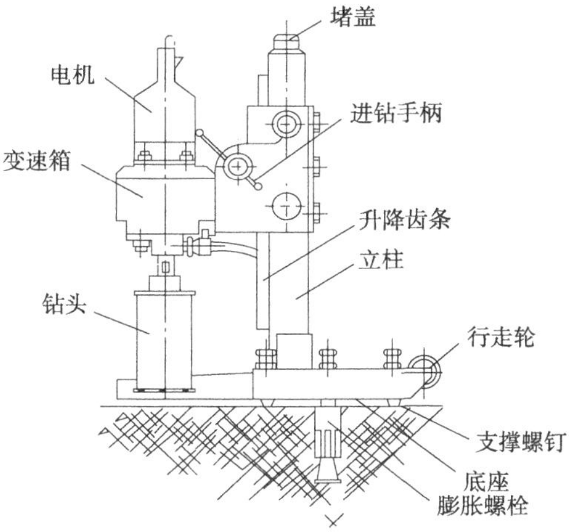

图16-2　取芯机结构示意图

(2)对桩端持力层的钻探，每根受检桩不应少于1孔，且钻探深度应满足设计要求。

2.芯样试件截取与加工

(1)截取混凝土抗压芯样试件应符合下列规定：

①当桩长为10～30m时，每孔截取3组芯样；当桩长小于10m时，可取2组；当桩长大于30m时，不少于4组。

②上部芯样位置距桩顶设计高程不宜大于1倍桩径或1m，下部芯样位置距桩底不宜大于1倍桩径或1m，中间芯样宜等间距截取。

③缺陷位置能取样时，应截取1组芯样进行混凝土抗压试验。

④当同一基桩的钻芯孔数大于1个，其中1孔在某深度存在缺陷时，应在其他孔的该深度

处截取芯样进行混凝土抗压试验。

(2)当桩端持力层为中、微风化岩层且岩芯可制作成试件时,应在接近桩底部位截取一组岩石芯样;如遇分层岩性时宜在各层取样。

(3)每组芯样应制作3个芯样抗压试件。芯样试件应按下述内容进行加工和测量:

①应采用双面锯切机加工芯样试件,加工时应将芯样固定,锯切平面垂直于芯样轴线。锯切过程中应淋水冷却金刚石圆锯片。

②当锯切后的芯样试件不能满足平整度及垂直度要求时,应选用以下方法进行端面加工:

a. 在磨平机上磨平。

b. 用水泥砂浆(水泥净浆)或硫黄胶泥(硫黄)等材料在专用补平装置上补平。水泥砂浆(水泥净浆)补平厚度不宜大于5mm,硫黄胶泥(硫黄)补平厚度不宜大于1.5mm。补平层应与芯样结合牢固,受压时补平层与芯样的结合面不得提前破坏。

③试验前,应对芯样试件的几何尺寸做下列测量:

a. 平均直径:用游标卡尺测量芯样中部,在相互垂直的两个位置上,取其两次测量的算术平均值,精确至0.5mm。

b. 芯样高度:用钢卷尺或钢板尺进行测量,精确至1mm。

c. 垂直度:用游标量角器测量两个端面与母线的夹角,精确至0.1°。

d. 平整度:用钢板尺或角尺紧靠在芯样端面上,一面转动钢板尺,一面用塞尺测量与芯样端面之间的缝隙。

④当芯样试件有裂缝或有其他较大缺陷,芯样试件内含有钢筋,以及试件尺寸偏差超过下列数值时,不得用作抗压强度试验:

a. 芯样试件高度小于0.95d或大于1.05d时(d为芯样试件平均直径)。

b. 沿试件高度任一直径与平均直径相差达2mm及以上时。

c. 试件端面的不平整度在100mm长度超过0.1mm时。

d. 试件端面与轴线的不垂直度超过2°时。

e. 芯样试件平均直径小于2倍表观混凝土粗集料最大粒径时。

3. 芯样试件抗压强度试验

(1)芯样试件制作完毕可立即进行抗压强度试验。

(2)混凝土芯样试件的抗压强度试验应按《混凝土物理力学性能试验方法标准》(GB/T 50081—2019)的有关规定执行。

(3)抗压强度试验后,若发现芯样试件平均直径小于2倍试件内混凝土粗集料最大粒径,且强度值异常时,该试件的强度值不得参与统计平均。

(4)混凝土芯样试件抗压强度应按下列公式计算:

$$f_{cu}=\xi\frac{4P}{\pi d^2} \tag{16-1}$$

式中:f_{cu}——混凝土芯样试件抗压强度,MPa,精确至0.1MPa;

P——芯样试件抗压试验测得的破坏荷载,N;

d——芯样试件的平均直径,mm;

ξ——混凝土芯样试件抗压强度折算系数,应考虑芯样尺寸效应、钻芯机械对芯样扰动和混凝土成型条件的影响,通过试验统计确定;当无试验统计资料时,宜取为1.0。

(5)桩底岩芯单轴抗压强度试验可按《建筑地基基础设计规范》(GB 50007—2011)附录J执行。

四、数据处理与结果分析

(1)混凝土芯样试件抗压强度代表值应按1组3块试件强度值的平均值确定。同一受检桩同一深度部位有2组或2组以上混凝土芯样试件抗压强度代表值时,取其平均值为该桩该深度处混凝土芯样试件抗压强度代表值。

(2)受检桩中不同深度位置的混凝土芯样试件抗压强度代表值中的最小值为该桩混凝土芯样试件抗压强度代表值。

(3)桩端持力层性状应根据芯样特征、岩石芯样单轴抗压强度试验、动力触探或标准贯入试验结果,综合判定桩底持力层岩土性状。

(4)桩身完整性类别应结合钻芯孔数、现场混凝土芯样特征、芯样单轴抗压强度试验结果,按表16-1的规定和表16-2的特征进行综合判定。

桩身完整性分类表 表16-1

桩身完整性类别	分类原则
Ⅰ类桩	桩身完整
Ⅱ类桩	桩身有轻微缺陷,不会影响桩身结构承载力的正常发挥
Ⅲ类桩	桩身有明显缺陷,对桩身结构承载力有影响
Ⅳ类桩	桩身存在严重缺陷

桩身完整性判定 表16-2

类别	特征
Ⅰ	混凝土芯样连续、完整、表面光滑、胶结好、集料分布均匀、呈长柱状、断口吻合,芯样侧面仅见少量气孔
Ⅱ	混凝土芯样连续、完整、胶结较好、集料分布基本均匀、呈柱状、断口基本吻合,芯样侧面局部见蜂窝麻面、沟槽
Ⅲ	大部分混凝土芯样胶结较好,无松散、夹泥或分层现象,但有下列情况之一: ①芯样局部破碎且破碎长度不大于10cm; ②芯样集料分布不均匀; ③芯样多呈短柱状或块状; ④芯样侧面蜂窝麻面、沟槽连续
Ⅳ	钻进很困难; 芯样任一段松散、夹泥或分层; 芯样局部破碎且破碎长度大于10cm

(5)成桩质量评价应按单桩进行。当出现下列情况之一时,应判定该受检桩不满足设计要求:

①桩身完整性类别为Ⅳ类的桩。

②受检桩混凝土芯样试件抗压强度代表值小于混凝土设计强度等级的桩。

③桩长、桩底沉渣厚度不满足设计或规范要求的桩。

④桩端力层岩土性状(强度)或厚度未达到设计或规范要求的桩。

(6)钻芯孔偏出桩外时,仅对钻取芯样部分进行评价。

(7)试验记录表格。

钻芯法检测基桩完整性现场记录表见表16-3,钻芯法检测基桩完整性抗压强度检测报告见表16-4。

钻芯法检测基桩完整性现场记录表 表16-3

桩号			孔号			工程名称		
时间		钻进（m）			芯样编号	芯样长度（m）	残留芯样	芯样初步描述及异常情况记录
自	至	自	至	计				

检测日期： 机长： 记录： 页次：

钻芯法检测基桩完整性报告(混凝土芯样柱状图)　　表 16-4

<table>
<tr><td rowspan="2">桩号</td><td rowspan="2">1</td><td rowspan="2">混凝土
强度等级</td><td rowspan="2"></td><td rowspan="2">高程
(m)</td><td>设计
桩顶</td><td></td><td rowspan="2">开孔
时间</td><td rowspan="2"></td></tr>
<tr><td>检测时
桩顶</td><td></td></tr>
<tr><td colspan="2">设计桩径</td><td colspan="2"></td><td colspan="2">钻孔深度</td><td></td><td>终孔
时间</td><td></td></tr>
<tr><td>孔号</td><td>孔深
(m)</td><td>层厚
(m)</td><td>柱状图</td><td colspan="5">混凝土芯描述</td></tr>
<tr><td rowspan="3"></td><td></td><td></td><td></td><td colspan="5"></td></tr>
<tr><td></td><td></td><td></td><td colspan="5"></td></tr>
<tr><td></td><td></td><td></td><td colspan="5"></td></tr>
<tr><td>备注</td><td colspan="8"></td></tr>
</table>

检测:　　　　校对::　　　　审核:　　　　签发:

工作任务十七　梁板静载试验

一、基本知识

1. 适用范围

在生产过程中，对梁板进行质量抽检，通过静载试验检验其内在质量是否满足设计要求。

2. 检测依据

《公路桥梁荷载试验规程》(JTG/T J21-01—2015)。

《公路桥梁技术状况评定标准》(JTG/T H21—2011)。

3. 检测原理

桥梁单梁(板)静载试验的主要目的是检测桥梁的安全性能和质量状况。通过试验可以对桥梁的抗弯承载能力、挠度、刚度等进行评估和分析，为判定桥梁的安全性能和稳定性能提供参考和依据。

二、试验检测仪器

电阻应变片、百分表、裂缝宽度观测仪、静载试验数据采集系统。

三、现场检测准备工作

1. 现场准备工作

(略)

2. 测点布置

(1)应变测点布置

在试验梁底 $L/2$ 截面处布置 2 个混凝土应变测点，在试验梁 $L/2$ 截面处腹板布置 2 个混凝土应变测点，共布置 4 个应变测点检测混凝土应变。

(2)挠度测点布置

在试验梁 $L/2$ 截面布置 1 个测点，布置百分表，检测挠度。

(3)支座沉降测点布置

在试验梁两端支座处，各布置 1 个测点，布置百分表，检测支座沉降。

四、梁板加载与试验测试

本次试验荷载效率为 100%，试验加载分五级(50%、70%、80%、90%、100%)，卸载分两级(50%、100%)进行。试验前，先对试验梁施加最大试验荷载的 80% 进行预压(预压过程中按 10% 递增，同步对试验梁进行裂缝观测)，以消除结构的塑性变形。检测测试系统工作性能,每级观测值读数稳定后采集应变值、记录挠度值。同步对试验梁是否出现裂缝及裂缝发展情况进行观察。

1. 门式起重机吊配载梁加载装置摆梁

对预制场采用门式起重机吊梁的桥,可用门式起重机吊配载梁加载,一片梁自重不够可用两片,在试验梁 $L/2$ 截面两侧横向对称放置两根分配梁。分配梁为钢轨,间距 1.0m,其作用是使 $L/2$ 截面受纯弯矩作用。分配梁上沿梁纵向放置钢轨,在钢轨上放置千斤顶及荷载传感器,反顶配重梁。梁加载示意图如图 17-1 所示。

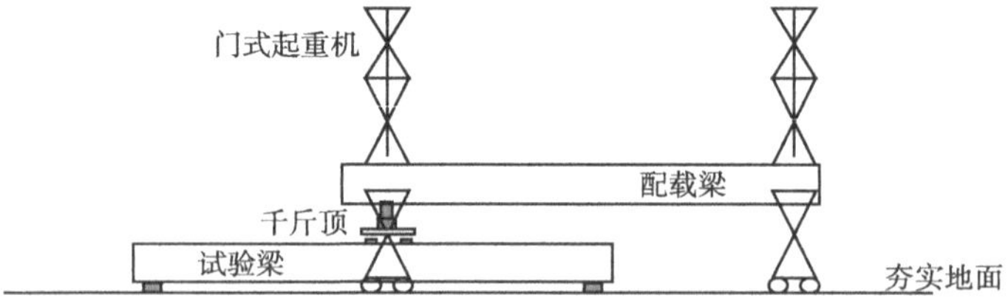

图 17-1 梁加载示意图

需准备的辅助材料:短钢轨 2 根,2m 长枕木 6 根,橡胶支座 4 块,支承刚性主梁的垫块若干。

2. 堆载法加载装置摆梁

在试验前准确称量堆载物重,在跨中左右各一定范围内按某一力加载。堆载布置示意图如图 17-2 所示。

图 17-2 堆载布置示意图

3. 用预制梁配载加载装置摆梁

需准备辅助材料:刚性钢梁 1 根、枕木 8 根、橡胶支座 4 块。在试验梁跨中顶面放置方钢(钢轨)做分配梁,再在分配梁上放置千斤顶及荷载传感器,反顶加载横主梁(由工字钢、钢轨或贝雷架等组成),并用钢丝绳拴住配载梁端吊钩(无吊钩可兜梁底),两片梁重量不够时可补堆其他重物,形成扁担式加载装置。本方法最好在预制场进行,不宜在已架好的桥梁上进行。加载装置如图 17-3 所示。

图 17-3　加载装置

五、试验结果分析与检测报告的编写

1. 试验资料的整理和试验结果处理

(1)根据原始记录整理或计算各测点变形(应变),可按下式计算:

$$S_t = S_l - S_i \tag{17-1}$$

$$S_e = S_l - S_u \tag{17-2}$$

$$S_p = S_t - S_e = S_u - S_i \tag{17-3}$$

式中:S_t——试验荷载作用下测量的结构总变形(或总应变)值;

S_e——试验荷载作用下测量的结构弹性变形(或应变)值;

S_p——试验荷载作用下测量的结构残余变形(或残余应变)值;

S_i——加载前的测值;

S_l——加载达到稳定时的测值;

S_u——卸载后达到稳定时的测值。

(2)测点的相对残余变形(或应变)可按下式计算:

$$\Delta S_p = \frac{S_p}{S_t} \times 100\% \tag{17-4}$$

式中:ΔS_p——相对残余变形(或应变);

S_p、S_t 意义同前。

(3)测点校验系数应按下式计算:

$$\eta = \frac{S_e}{S_s} \tag{17-5}$$

式中:η——校验系数;

S_e——试验荷载作用下量测的弹性位移(或应变)值;

S_s——试验荷载作用下的理论计算位移(或应变)值。

(4)将上述有代表性的数值,用图或表的形式列出,并与理论值进行比较。

2. 试验报告的编写

(1)梁板静载试验跨中控制截面梁底混凝土应变和挠度分析报告(表 17-1)参考以下工程示例,可按照工程示例中的数据尝试计算分析。

跨中控制截面梁底混凝土应变和挠度分析报告　　表 17-1

项目		数值	效率(验)系数	规范容许值
跨中弯矩(kN·m)	试验值	1596	1.0	$0.95<\eta\leq1.05$
	理论值	1596		
跨中梁底混凝土应变(με)	理论值			$\zeta\leq1.00$
	实测值			
跨中挠度(mm)	理论值			$\zeta\leq1.00$
	实测值			
残余挠度(mm)	0.05	残余挠度与实测最大挠度的比值 S'_p		$S'_p\leq0.20$
结论				

注:压应力为"－",拉应力为"＋";上挠为"－",下挠为"＋"。

(2)某梁(板)跨中截面应变-弯矩、挠度-弯矩曲线见表 17-2、表 17-3。

某梁跨中截面梁底混凝土应变-弯矩曲线　　表 17-2

跨中梁底控制弯矩(kN·m)	532.00	798.00	1064.00	1330.00	1596.00
荷载效率	1/3	1/2	2/3	5/6	100%
实测弹性应变(με)	49	74	101	127	156
理论应变(με)	58.7	88.1	117.5	146.8	176.2
校验系数 η					
应变-弯矩曲线绘制如下:					

注:表中"＋"表示拉应力。

某梁跨中截面梁底混凝土挠度-弯矩曲线

表 17-3

跨中梁底控制弯矩(kN·m)	532.00	798.00	1064.00	1330.00	1596.00
荷载效率	1/3	1/2	2/3	5/6	100%
实测弹性挠度(mm)	2.47	3.78	5.18	6.67	8.18
理论挠度(mm)	3.21	4.81	6.41	8.02	9.62
校验系数 η					
挠度-弯矩曲线绘制如下:					

注:表中“+”表示下挠。

工作任务十八　桥梁技术状况评定

一、试验目的

(1)通过静载试验,掌握结构的现有工作状况,判断桥梁的实际工作状况是否符合设计要求或处于正常受力状态。

(2)通过静载试验研究和理论计算分析,对桥梁的承载能力及工作状况做出综合评价,综合判断该桥梁的安全性和可靠性,并将试验报告作为今后定期养护参考的技术文件和依据。

二、主要仪器设备

主要仪器设备见表18-1。

主要仪器设备　　表18-1

序号	仪器设备名称	规格型号	管理编号	数量	量值溯源有效期
1	钢卷尺				
2	直尺				
3	裂缝测宽仪				
4	电子水准仪				
…	……				

三、主要检查内容

桥梁技术状况评定内容为全桥桥面系、上部结构和下部结构,包括桥台及基础、桥面铺装、主梁的外观缺损状况等。

1. 外观检查

(1)桥面系

①桥面铺装层纵、横坡是否顺适,有无严重的裂缝(龟裂、纵横裂缝)、坑槽、波浪、桥头跳车、防水层漏水等。

②桥面排水是否顺畅,泄水管是否完好、畅通,桥头排水沟功能是否完好,锥坡有无冲蚀、塌陷。

③桥上交通标志、标线、照明设施有无损坏、老化、失效,是否需要更换。

(2)上部结构

①主梁是否开裂,有无压碎,局部有无掉块、脱落、渗水,表面有无苔藓、草木滋生,支座工

作是否正常,梁体有无较大的变形、开裂、错位,横隔板和湿接缝的混凝土有无开裂、剥落、露筋和锈蚀。

②混凝土有无裂缝、渗水、表面风化、剥落、露筋和钢筋锈蚀,有无碱集料反应引起的整体龟裂现象,混凝土表面有无严重碳化。

(3)下部结构

①墩台及基础有无滑动、倾斜、下沉或冻拔。

②台背填土有无沉降或挤压隆起。

③混凝土墩台及帽梁有无冻胀、风化、开裂、剥落、露筋等。

④墩台顶面是否清洁,伸缩缝处是否漏水。

⑤基础下是否发生不许可的冲刷或掏空现象,扩大基础的地基有无侵蚀。

⑥调治构造物是否完好,功能是否良好,桥位段河床是否有明显的冲淤或漂浮物堵塞现象。

⑦墩台有无裂缝、脱开变形,泄水孔是否堵塞,防水层是否损坏。

2. 桥梁技术状况评估

本桥将依据《公路桥梁技术状况评定标准》(JTG/T H21—2011),对桥梁技术状况采用分层综合评定与5类桥梁单项控制指标相结合的方法进行评定。

(1)桥梁构件技术状况评分

桥梁构件技术状况评分计算如下:

$$\mathrm{PMCI}_l(\mathrm{BMCI}_l \text{ 或 } \mathrm{DMCI}_l) = 100 - \sum_{x=1}^{k} U_x \tag{18-1}$$

当 $x=1$ 时,则

$$U_1 = DP_{i1} \tag{18-2}$$

当 $x\geqslant 2$ 时,则

$$U_x = \frac{DP_{ij}}{100 \cdot \sqrt{x}}\left(100 - \sum_{y=1}^{x-1} U_y\right) \tag{18-3}$$

当 $DP_{ij}=100$ 时,则

$$\mathrm{PMCI}_l(\mathrm{BMCI}_l \text{ 或 } \mathrm{DMCI}_l) = 0 \tag{18-4}$$

式中:PMCI_l——上部结构第 i 类部件 l 构件的得分,值域为0~100分;

BMCI_l——下部结构第 i 类部件 l 构件的得分,值域为0~100分;

DMCI_l——桥面系第 i 类部件 l 构件的得分,值域为0~100分;

k——第 i 类部件 l 构件出现扣分的指标的种类数;

U、x、y——引入的变量;

i——部件类别,如 i 表示上部承重构件、支座、桥墩等;

j——第 i 部件 l 构件的第 j 类检测指标;

DP_{ij}——第 i 类部件 l 构件的第 j 类检测指标的扣分值;扣分值按《公路桥梁技术状况评定标准》(JTG/T H21—2011)表4.1.1规定取值。

(2)桥梁部件技术状况评分

桥梁部件的技术状况评分计算如下:

$$\mathrm{PCCI}_i = \overline{\mathrm{PMCI}} - \frac{100 - \mathrm{PMCI}_{\min}}{t} \tag{18-5}$$

$$\mathrm{BCCI}_i = \overline{\mathrm{BMCI}} - \frac{100 - \mathrm{BMCI}_{\min}}{t} \tag{18-6}$$

$$\mathrm{DCCI}_i = \overline{\mathrm{DMCI}} - \frac{100 - \mathrm{DMCI}_{\min}}{t} \tag{18-7}$$

式中：PCCI_i——上部结构第 i 类部件的得分，值域为 0 ~ 100 分；当上部结构中的主要部件某一构件评分值 PMCI_l 在[0,60)区间时，其相应的部件评分 $\mathrm{PCCI}_i = \mathrm{PMCI}_l$；

$\overline{\mathrm{PMCI}}$——上部结构第 i 类部件各构件的得分平均值，值域为 0 ~ 100 分；

BCCI_i——下部结构第 i 类部件的得分，值域为 0 ~ 100 分；当下部结构中的主要部件某一构件评分值 BMCI_l 在[0,60)区间时，其相应的部件评分值 $\mathrm{BCCI}_i = \mathrm{BMCI}_l$；

$\overline{\mathrm{BMCI}}$——下部结构第 i 类部件各构件的得分平均值，值域为 0 ~ 100 分；

DCCI_i——桥面系第 i 类部件的得分，值域为 0 ~ 100 分；

$\overline{\mathrm{DMCI}}$——桥面系第 i 类部件各构件的得分平均值，值域为 0 ~ 100 分；

$\mathrm{PCCI}_{\min}$——上部结构第 i 类部件中分值最低的构件得分值；

$\mathrm{BCCI}_{\min}$——下部结构第 i 类部件中分值最低的构件得分值；

$\mathrm{DCCI}_{\min}$——桥面系第 i 类部件中分值最低的构件得分值；

t——随构件的数量而变的系数。按《公路桥梁技术状况评定标准》(JTG/T H21—2011)表 4.1.2 取值。

(3)桥梁上部结构、下部结构、桥面系技术状况评分

各部位技术状况评分计算如下：

$$\mathrm{SPCI}(\mathrm{SBCI}\text{ 或 }\mathrm{BDCI}) = \sum_{i=1}^{m} \mathrm{SPCI}_i(\mathrm{SBCI}_i\text{ 或 }\mathrm{BDCI}_i) \times W_i \tag{18-8}$$

式中：SPCI——桥梁上部结构技术状况评分，值域为 0 ~ 100 分；

SBCI——桥梁下部结构技术状况评分，值域为 0 ~ 100 分；

BDCI——桥面系技术状况评分，值域为 0 ~ 100 分；

m——上部结构(下部结构或桥面系)的部件种类数；

W_i——第 i 类部件的权重，按《公路桥梁技术状况评定标准》(JTG/T H21—2011)表 4.2.1、表 4.2.2-1 ~ 表 4.2.2-3、表 4.2.3、表 4.2.4 规定取值；对于桥梁中未设置的部件，应根据此部件的隶属关系，将其权重值分配给各既有部件，分配原则按照各既有部件权重在全部既有部件权重中所占比例进行分配。

(4)桥梁总体技术状况评分

桥梁的总体技术状况评分计算如下：

$$D_r = \mathrm{BDCI} \times W_D + \mathrm{SPCI} \times W_{SP} \times \mathrm{SBCI} \times W_{SB} \tag{18-9}$$

式中：D_r——桥梁总体技术状况评分，值域为 0 ~ 100 分；

W_D、W_{SP}、W_{SB}——分别为桥面系、上部结构、下部结构在全桥中的权重。

四、桥梁外观检查

1. 桥面系

(1)桥面铺装

以下举例说明桥面铺装检查情况(表18-2)。

桥面铺装检查结果列表 表18-2

序号	构件编号	构件部位	病害位置	病害类型	范围程度	典型图片	备注
1	1号跨	桥面铺装	一端距0号台伸缩缝3.60m、距右5.70m,另一端距0号台伸缩缝5.20m、距右2.65m	斜向裂缝	$L=3.40m$, $W=0.30mm$	—	原有
2		桥面铺装	距0号台伸缩缝0.70m,距右8.30m	纵向裂缝	$L=5.60m$, $W=0.30mm$	—	原有
3		桥面铺装	距0号台伸缩缝4.70m,距右9.10m	纵向裂缝	$L=35.30m$, $W=0.40mm$	—	原有
4		桥面铺装	距1号墩中心0m,距左0.40m	露筋	$S=0.28m^2$	—	原有
5		桥面铺装	距1号墩中心0.50m,距左0.40m	露筋	$S=1.14m^2$	—	原有
6		桥面铺装	距0号台21.00m,距右3.50m	纵向裂缝	$L=2.00m$, $W=0.30mm$	图18-1	新增
7	2号跨	桥面铺装	距1号墩中心0m,距左0.40m	露筋	$S=0.21m^2$	—	原有
8		桥面铺装	距1号墩中心0.50m,距左0.40m	露筋	$S=1.13m^2$	—	原有
9		桥面铺装	距2号墩8.00m,距右3.00m	斜向裂缝	$L=2.00m$, $W=0.30mm$	图18-2	新增
10		桥面铺装	距2号墩10.00m,距右2.00m	横向裂缝	$L=2.00m$, $W=0.40mm$	图18-3	新增
11	3号跨	桥面铺装	距2号墩5.00m,距右3.50m	斜向裂缝	$L=1.20m$, $W=0.30mm$	图18-4	新增
12		桥面铺装	距2号伸缩缝5.93m,距右16.00m	纵向裂缝	$L=24.00m$, $W=0.60mm$	—	原有
13		桥面铺装	距2号伸缩缝043m,距右16.90m	纵向裂缝	$L=0.43m$, $W=0.40mm$	—	原有
14		桥面铺装	距2号伸缩缝11.20m,距右16.00m	横向裂缝	$L=2.70m$, $W=0.030mm$	—	原有
15		桥面铺装	距2号伸缩缝14.70m,距右14.55m	横向裂缝	$L=4.20m$, $W=0.38mm$	—	原有

续上表

序号	构件编号	构件部位	病害位置	病害类型	范围程度	典型图片	备注
16	3 号跨	桥面铺装	距 2 号伸缩缝 14.82m,距右 13.75m	纵向裂缝	$L=14.20$m, $W=0.50$mm	—	原有
17		桥面铺装	距 2 号伸缩缝 1.10m,距右 9.35m	纵向裂缝	$L=29.70$m, $W=0.60$mm	—	原有
18		桥面铺装	距 2 号墩 27.00m,距右 3.50m	横向裂缝	$L=2.00$m, $W=0.30$mm	图 18-5	新增
19		桥面铺装	距 2 号伸缩缝 36.50m,距右 8.30m	横向裂缝	$L=8.50$m, $W=0.44$mm	—	原有
20		桥面铺装	距 2 号伸缩缝 30.54m,距右 11.60m	横向裂缝	$L=8.10$m, $W=1.20$mm	—	原有
21		桥面铺装	距 2 号墩中心 4.21m,距左 2.10m	网状裂缝	$S=210\text{m}^2$	—	原有
22	4 号跨	桥面铺装	距 3 号墩中心 0m,距右 16.20m	纵向裂缝	$L=38.50$m, $W=0.40$mm	—	原有
23		桥面铺装	距 3 号墩中心 0m,距右 13.25m	纵向裂缝	$L=6.50$m, $W=0.50$mm	—	原有
24		桥面铺装	距 3 号墩中心 2.56m,距右 4.62m	横向裂缝	$L=14.50$m, $W=0.40$mm	—	原有
25		桥面铺装	距 3 号墩中心 5.60m,距右 13.70m	横向裂缝	$L=5.60$m, $W=0.30$mm	—	原有
26		桥面铺装	距 3 号墩中心 8.50m,距右 8.80m	横向裂缝	$L=8.90$m, $W=0.24$mm	—	原有
27		桥面铺装	距 3 号墩中心 10.20m,距右 5.40m	横向裂缝	$L=14.10$m, $W=0.60$mm	—	原有
28		桥面铺装	距 3 号墩中心 14.00m 距右 7.20m	横向裂缝	$L=3.80$m, $W=0.36$mm	—	原有
29		桥面铺装	距 3 号墩中心 13.20m,距右 11.55m	横向裂缝	$L=8.30$m, $W=1.60$mm	—	原有
30		桥面铺装	距 3 号墩中心 14.70m,距右 7.00m	横向裂缝	$L=12.80$m, $W=0.80$mm	—	原有
31		桥面铺装	距 3 号墩中心 15.90m,距右 11.50m	横向裂缝	$L=5.00$m, $W=0.46$mm	—	原有
32		桥面铺装	距 3 号墩中心 16.00m,距右 5.50m	横向裂缝	$L=5.60$m, $W=0.28$mm	—	原有

续上表

序号	构件编号	构件部位	病害位置	病害类型	范围程度	典型图片	备注
33	4号跨	桥面铺装	距3号墩中心18.60m,距右5.50m	横向裂缝	$L=14.50$m, $W=0.26$mm	—	原有
34		桥面铺装	距3号墩中心20.10m,距右5.50m	横向裂缝	$L=13.70$m, $W=0.28$mm	—	原有
35		桥面铺装	距3号墩中心22.30m,距右11.50m	横向裂缝	$L=6.90$m, $W=0.20$mm	—	原有
36		桥面铺装	距3号墩中心23.50m,距右1455m	斜向裂缝	$L=4.40$m, $W=0.14$mm	—	原有
37		桥面铺装	距3号墩中心25.35m,距右11.50m	斜向裂缝	$L=8.40$m, $W=0.22$mm	—	原有
38		桥面铺装	距3号墩中心26.95m,距右1.70m	横向裂缝	$L=18.00$m, $W=0.28$mm	—	原有
39		桥面铺装	距3号墩中心27.60m,距右15.20m	横向裂缝	$L=3.30$m, $W=0.20$mm	图18-6	原有
40		桥面铺装	距3号墩中心29.40m,距右13.10m	横向裂缝	$L=6.70$m, $W=0.20$mm	图18-7	原有
41		桥面铺装	距3号墩中心37.50m,距右17.50m	横向裂缝	$L=2.10$m, $W=0.10$mm	—	原有
42		桥面铺装	距3号墩中心33.84m,距右3.75m	横向裂缝	$L=7.05$m, $W=0.10$mm	—	原有
43		桥面铺装	距4号墩中心0.40m,距左2.10m	网状裂缝	$S=20.38$m^2	—	原有
44	5号跨	桥面铺装	距4号墩中心1.10m,距右4.10m	横向裂缝	$L=12.00$m, $W=0.20$mm	—	原有
45		桥面铺装	距4号墩中心2.70m,距右4.20m	横向裂缝	$L=15.60$m, $W=0.26$mm	—	原有
46		桥面铺装	距4号墩中心3.50m,距右11.51m	横向裂缝	$L=4.30$m, $W=0.18$mm	—	原有
47		桥面铺装	距4号墩中心3.10m,距右2.70m	横向裂缝	$L=8.30$m, $W=0.10$mm	—	原有
48		桥面铺装	距4号墩中心4.40m,距右8.20m	横向裂缝	$L=2.80$m, $W=0.12$mm	—	原有
49		桥面铺装	距4号墩中心4.90m,距右2.70m	横向裂缝	$L=13.80$m, $W=0.16$mm	—	原有

续上表

序号	构件编号	构件部位	病害位置	病害类型	范围程度	典型图片	备注
50	5号跨	桥面铺装	距4号墩中心6.30m,距右4.20m	横向裂缝	L=15.80m, W=0.20mm	—	原有
51		桥面铺装	距4号中心6.95m,距右3.00m	横向裂缝	L=13.30m, W=0.18mm	—	原有
52		桥面铺装	距4号墩中心9.55m,距右4.60m	横向裂缝	L=6.40m, W=0.10mm	—	原有
53		桥面铺装	距4号墩中心9.85m,距右1.40m	横向裂缝	L=4.70m, W=0.22mm	图18-8	原有
54		桥面铺装	距4号墩中心11.85m,距右7.60m	横向裂缝	L=3.40m, W=0.60mm	—	原有
55		桥面铺装	距4号墩中心12.25m,距右1.80m	横向裂缝	L=6.60m, W=1.00mm	—	原有
56		桥面铺装	距4号墩中心13.05m,距右4.40m	横向裂缝	L=6.50m, W=0.50mm	—	原有
57		桥面铺装	距4号墩中心13.95m,距右2.30m	横向裂缝	L=7.90m, W=0.28mm	—	原有
58		桥面铺装	距4号墩中心12.35m,距右11.50m	横向裂缝	L=11.00m, W=0.18mm	—	原有
59		桥面铺装	距4号墩中心13.95m,距右11.50m	横向裂缝	L=7.30m, W=0.22mm	—	原有
60		桥面铺装	距4号墩中心15.15m,距右7.30m	横向裂缝	L=7.40m, W=0.10mm	—	原有
61		桥面铺装	距4号墩中心17.10m,距右2.30m	横向裂缝	L=12.60m, W=0.18mm	—	原有
62		桥面铺装	距4号墩中心15.36m,距右2.50m	横向裂缝	L=16.00m, W=1.00mm	—	原有
63		桥面铺装	距4号墩中心17.60m,距右2.70m	横向裂缝	L=8.30m, W=0.16mm	—	原有
64		桥面铺装	距4号墩中心19.20m,距右4.40m	横向裂缝	L=7.60m, W=1.60mm	—	原有
65		桥面铺装	距4号墩中心19.50m,距右14.10m	横向裂缝	L=5.20m, W=1.60mm	—	原有
66		桥面铺装	距4号墩中心20.52m,距右1.60m	横向裂缝	L=8.20m, W=0.22mm	—	原有

续上表

序号	构件编号	构件部位	病害位置	病害类型	范围程度	典型图片	备注
67	5号跨	桥面铺装	距4号墩中心21.20m,距右7.60m	横向裂缝	$L=7.00$m, $W=0.18$mm	—	原有
68		桥面铺装	距4号墩中心22.50m,距右7.60m	横向裂缝	$L=5.10$m, $W=0.10$mm	—	原有
69		桥面铺装	距4号墩中心23.20m,距右7.60m	横向裂缝	$L=10.13$m, $W=0.20$mm	—	原有
70		桥面铺装	距4号墩中心23.96m,距右13.00m	横向裂缝	$L=5.50$m, $W=0.28$mm	—	原有
71		桥面铺装	距4号墩中心25.30m,距右11.50m	横向裂缝	$L=6.50$m, $W=0.16$mm	—	原有
72		桥面铺装	距4号墩中心25.30m距右2.20m	横向裂缝	$L=8.50$m, $W=0.20$mm	—	原有
73		桥面铺装	距4号墩中心27.10m,距右11.50m	横向裂缝	$L=7.00$m, $W=0.14$mm	—	原有
74		桥面铺装	距4号墩中心25.10m,距右14.10m	横向裂缝	$L=5.00$m, $W=0.20$mm	—	原有
75		桥面铺装	距4号墩中心28.30m,距右2.20m	横向裂缝	$L=9.20$m, $W=0.30$mm	—	原有
76		桥面铺装	距4号墩中心30.60m,距右11.50m	横向裂缝	$L=4.20$m, $W=0.22$mm	—	原有
77		桥面铺装	距4号墩中心32.65m,距右7.00m	横向裂缝	$L=11.00$m, $W=0.30$mm	—	原有
78		桥面铺装	距4号墩中心37.90m,距右0m	横向裂缝	$L=9.10$m, $W=0.28$mm	—	原有
79		桥面铺装	距4号墩中心38.20m,距右11.50m	横向裂缝	$L=6.40$m, $W=0.18$mm	—	原有
80		桥面铺装	距4号墩中心10.52m,距左2.30m	网状裂缝	$S=174.7\text{m}^2$	—	原有
81		桥面铺装	距5号墩中心1.80m,距左0.40m	露筋	$S=1.32\text{m}^2$	—	原有
82	6号跨	桥面铺装	距5号墩中心055m,距右3.90m	横向裂缝	$L=9.20$m, $W=1.00$mm	—	原有
83		桥面铺装	距5号墩中心2.03m,距右3.20m	横向裂缝	$L=7.80$m, $W=1.80$mm	—	原有
84		桥面铺装	距5号墩中心3.21m,距右9.50m	横向裂缝	$L=4.90$m, $W=0.50$mm	—	原有

续上表

序号	构件编号	构件部位	病害位置	病害类型	范围程度	典型图片	备注
85	6 号跨	桥面铺装	距 5 号墩中心 3.60m,距右 750m	横向裂缝	$L=4.60$m, $W=0.50$mm	—	原有
86		桥面铺装	距 5 号墩中心 4.50m,距右 11.50m	横向裂缝	$L=4.20$m, $W=0.30$mm	—	原有
87		桥面铺装	距 5 号墩中心 5.18m,距右 2.70m	横向裂缝	$L=9.30$m, $W=0.30$mm	—	原有
88		桥面铺装	距 5 号墩中心 350m,距右 7.80m	横向裂缝	$L=2.70$m, $W=0.40$mm	—	原有
89		桥面铺装	距 5 号墩中心 7.37m,距右 9.70m	横向裂缝	$L=4.40$m, $W=0.60$mm	—	原有
90		桥面铺装	距 5 号墩中心 10.68m,距右 4.10m	横向裂缝	$L=6.90$m, $W=0.20$mm	—	原有
91		桥面铺装	距 5 号墩中心 13.16m,距右 3.30m	横向裂缝	$L=19.90$m, $W=1.80$mm	—	原有
92		桥面铺装	距 5 号墩中心 14.85m,距右 8.10m	横向裂缝	$L=9.90$m, $W=0.60$mm	—	原有
93		桥面铺装	距 5 号墩中心 16.58m,距右 3.80m	横向裂缝	$L=7.20$m, $W=1.80$mm	—	原有
94		桥面铺装	距 5 号墩中心 17.60m,距右 7.00m	横向裂缝	$L=4.00$m, $W=0.30$mm	—	原有
95		桥面铺装	距 5 号墩中心 18.86m,距右 5.90m	横向裂缝	$L=5.00$m, $W=0.50$mm	—	原有
96		桥面铺装	距 5 号墩中心 21.15m,距右 5.30m	横向裂缝	$L=4.70$m, $W=0.40$mm	—	原有
97		桥面铺装	距 5 号墩中心 22.97m,距右 2.60m	横向裂缝	$L=8.40$m, $W=1.60$mm	—	原有
98		桥面铺装	距 5 号墩中心 25.65m,距右 2.70m	横向裂缝	$L=8.30$m, $W=1.80$mm	—	原有
99		桥面铺装	距 5 号墩中心 1.52m,距左 3.20m	纵向裂缝	$L=10.40$m, $W=1.00$mm	—	原有
100		桥面铺装	距 5 号墩中心 10.45m,距左 4.10m	网状裂缝	$S=87.36\text{m}^2$	—	原有
101		桥面铺装	距 5 号墩中心 2.40m,距左 0.30m	露筋	$S=0.21\text{m}^2$	—	原有

续上表

序号	构件编号	构件部位	病害位置	病害类型	范围程度	典型图片	备注
102	7号跨	桥面铺装	一端距3号伸缩缝2.30m、距右15.50m,另一端距3号伸缩缝4.20m、距右17.50m	斜向裂缝	$L=2.90$m, $W=2.80$mm	—	原有
103		桥面铺装	一端距3号伸缩缝1.50m、距右14.50m另一端距3号伸缩缝2.75m、距右15.10m	斜向裂缝	$L=2.00$m, $W=2.00$mm	—	原有
104		桥面铺装	一端距3号伸缩缝0m距右9.30m,另一端距3号伸缩缝1.45m、距右11.70m	斜向裂缝	$L=2.40$m, $W=2.00$mm	—	原有
105		桥面铺装	距3号伸缩缝4.10m,距左7.95m	横向裂缝	$L=3.90$m, $W=3.20$mm	—	原有
106		桥面铺装	距3号伸缩缝5.00m,距左7.95m	横向裂缝	$L=2.10$m, $W=2.00$mm	—	原有

桥面铺装病害照片如图18-1～图18-8所示。

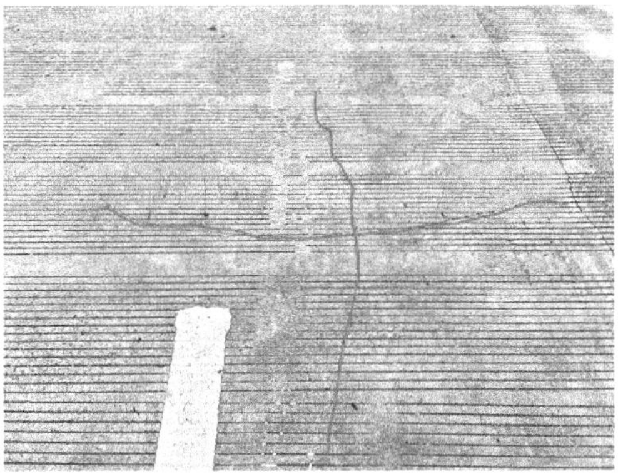

图18-1　1号跨桥面铺装纵向裂缝

图18-2　2号跨桥面铺装斜向裂缝

图18-3　2号跨桥面铺装横向裂缝

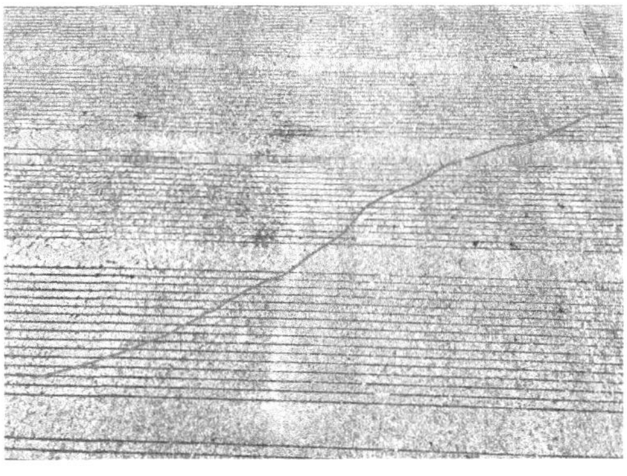

图18-4　3号跨桥面铺装斜向裂缝

图 18-5　3 号跨桥面铺装横向裂缝

图 18-6　4 号跨桥面铺装横向裂缝

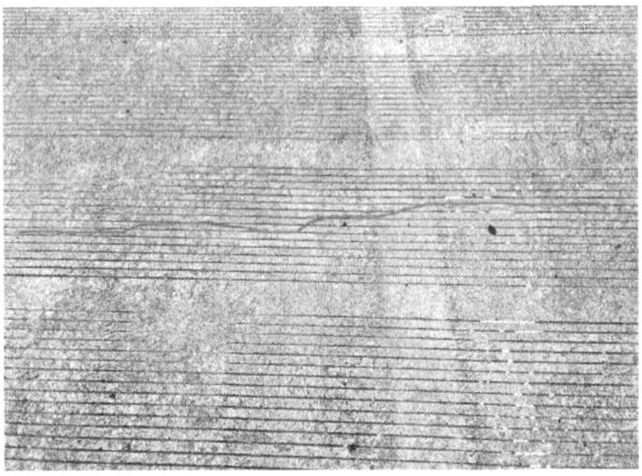

图 18-7　4 号跨桥面铺装横向裂缝

图 18-8　5 号跨桥面铺装横向裂缝

(2)伸缩缝装置

伸缩缝装置检查结果列表见表 18-3。

伸缩缝装置检查结果列表　　表 18-3

序号	构件编号	构件部位	病害数量	病害位置	病害类型	范围程度	典型图片	备注
1	0 号台伸缩缝	锚固端	16	位于友谊关向锚固混凝土	横向裂缝	$L=0.45m$, $W=0.12mm$	—	原有
2	0 号台伸缩缝	锚固端	11	位于卡凤向锚固混凝土	横向裂缝	$L=0.67m$, $W=0.14mm$	图 18-9	原有
3	0 号台伸缩缝	橡胶条	1	—	堵塞	$L=22.50m$	图 18-10	原有
4	2 号台伸缩缝	锚固端	8	位于友谊关向锚固混凝土	横向裂缝	$L=0.50m$, $W=0.20mm$	—	原有
5	2 号墩伸缩缝	锚固端	5	位于卡凤向锚固混凝土	横向裂缝	$L=0.43m$, $W=0.16mm$	—	原有
6	2 号墩伸缩缝	橡胶条	1	—	堵塞	$L=22.50m$	图 18-11	原有
7	6 号墩伸缩缝	锚固端	9	位于友谊关向锚固混凝土	横向裂缝	$L=0.93m$, $W=0.14mm$	—	原有

续上表

序号	构件编号	构件部位	病害数量	病害位置	病害类型	范围程度	典型图片	备注
8	6号墩伸缩缝	锚固端	12	位于卡风向锚固混凝土	横向裂缝	$L=0.40$m，$W=0.12$mm	图18-12	原有
9	6号墩伸缩缝	橡胶条	1	—	堵塞	$L=22.50$m	—	原有

伸缩缝装置病害照片如图18-9～图18-12所示。

图18-9　0号台伸缩缝横向裂缝

图18-10　0号墩伸缩缝堵塞

图18-11　2号墩伸缩缝堵塞

图18-12　6号台伸缩缝横向裂缝

(3)人行道

某立交桥未设人行道。

(4)护栏

栏杆、护栏检查结果列表见表18-4。

栏杆、护栏检查结果列表　　表18-4

序号	构件类别	构件编号	构件部位	病害数量	病害位置	病害类型	范围程度	典型图片	备注
1	护栏	R-0号台	防撞挡墙	1	距0号台伸缩缝0m，右侧防撞护栏	剥落	$S=0.83\text{m}^2$	图18-13	原有
2	护栏	L-1号～6号跨	防撞挡墙	65	第1号～6号跨左侧防撞护栏	竖向裂缝	$L=2.22$m，$W=0.28$mm	—	原有

续上表

序号	构件类别	构件编号	构件部位	病害数量	病害位置	病害类型	范围程度	典型图片	备注
3	护栏	R-1 号～6 号跨	防撞挡墙	59	第 1 号～6 号跨右侧防撞护栏	竖向裂缝	$L=2.22\text{m}$, $W=0.26\text{mm}$	图 18-14	原有
4	护栏	R-6 号跨	防撞挡墙	1	第 3 跨右侧防撞护栏	剥落	$S=0.7\text{m}^2$	—	原有

护栏病害照片如图 18-13、图 18-14 所示。

图 18-13　R-0 号台防撞挡墙剥落

图 18-14　R-1 号～6 号跨防撞挡墙竖向裂缝

(5)排水系统

排水系统检查结果见表 18-5。

排水系统检查结果列表　　表 18-5

序号	构件编号	构件部位	病害位置	病害类型	范围程度	典型图片	备注
1	左侧排水系统	泄水孔	—	堵塞	数量 38 处	—	原有
2	右侧排水系统	泄水孔	—	堵塞	数量 5 处	图 18-15	原有

排水系统病害照片如图 18-15 所示。

图 18-15　右侧泄水孔堵塞

(6)照明、标志

经现场检查,该部件未发现明显病害。

2. 上部结构

(1)主梁检查结果列表见表18-6。

主梁检查结果列表　　表18-6

序号	构件编号	构件部位	病害位置	病害类型	范围程度	典型图片	备注
1	1号跨	1号箱梁	位于右侧面,一端距卡风向梁端0.80m,距底0.60m;另一端距卡风向梁端1.70m,距底0.27m	斜向裂缝	$L=1.00m$, $W=0.10mm$	—	原有
2		1号箱梁	位于左侧面,一端距卡风向梁端0.50m,距底0.57m;另一端距卡风向梁端1.60m,距底0.30m	斜向裂缝	$L=1.05m$, $W=0.10mm$	—	原有
3		2号箱梁	位于右侧面,一端距卡风向梁端0.90m,距底0.75m;另一端距卡风向梁端2.15m,距底0.40m	斜向裂缝	$L=1.27m$, $W=0.16mm$	图18-16	原有
4		3号箱梁	位于左侧面,距1号墩1.00m	横向裂缝	$L=0.50m$, $W=0.04mm$	图18-17	新增
5		4号箱梁	位于底面,距0号台帽梁卡风面10.94m,距右0.41m	剥落	$S=0.02m^2$	—	原有
6		4号箱梁	位于底面,距0号台帽梁29.80m,距右0.50m	剥落、露筋锈蚀	$S=0.09m^2$	—	原有
7		5号箱梁	位于右侧面,一端距卡风向梁端0.80m,距底0.53m;另一端距卡风向梁端1.50m,距底0.28m	斜向裂缝	$L=0.76m$, $W=0.08mm$	图18-18	原有
8		5号箱梁	位于左侧面,一端距卡风向梁端0.90m,距底0.55m;另一端距卡风向梁端1.60m,距底0.33m	斜向裂缝	$L=0.74m$, $W=0.08mm$	图18-19	原有
9		6号箱梁	位于底面,距0号台帽梁卡风面5.32m,距右0.53m	纵向裂缝	$L=1.86m$, $W=0.10mm$	—	原有
10		6号箱梁	位于底面,距0号台帽梁卡风面6.21m,距右0.85m	纵向裂缝	$L=15.00m$, $W=0.16mm$	—	原有
11		6号箱梁	位于底面,距0号台帽梁卡风面7.82m,距右0.28m	纵向裂缝	$L=12.58m$, $W=0.16mm$	—	原有
12		6号箱梁	位于右侧面,一端距卡风向梁端0.85m,距底0.60m;另一端距卡风向梁端1.95m,距底0.20m	斜向裂缝	$L=1.18m$, $W=0.10mm$	图18-20	原有

续上表

序号	构件编号	构件部位	病害位置	病害类型	范围程度	典型图片	备注
13	1号跨	6号箱梁	位于左侧面，一端距卡风向梁端0.90m，距底0.72m；另一端距卡风向梁端1.90m，距底0.42m	斜向裂缝	$L=1.12\text{m}$，$W=0.14\text{mm}$	图18-21	原有
14		6号箱梁	位于底面，距0号台帽梁卡风面7.42m，距右0.36m	剥落、露筋锈蚀	$S=0.11\text{m}^2$	—	原有
15		7号箱梁	位于底面，距0号台帽梁卡风面5.65m，距右0.72m	纵向裂缝	$L=27.50\text{m}$，$W=0.18\text{mm}$	图18-22	原有
16		7号箱梁	位于底面，距0号台帽梁卡风面5.92m，距右0.24m	纵向裂缝	$L=22.85\text{m}$，$W=0.12\text{mm}$	—	原有
17		8号箱梁	位于底面，距0号台帽梁卡风面5.30m，距右0.75m	纵向裂缝	$L=23.16\text{m}$，$W=0.18\text{mm}$	—	原有
18		8号箱梁	位于底面，距0号台帽梁卡风面5.28m，距右0.24m	纵向裂缝	$L=24.05\text{m}$，$W=0.18\text{mm}$	—	原有
19		8号箱梁	位于右侧面，一端距卡风向梁端0.39m，距底0.74m；另一端距卡风向梁端1.80m，距底0.28m	斜向裂缝	$L=1.43\text{m}$，$W=0.16\text{mm}$	—	原有
20		8号箱梁	位于左侧面，一端距卡风向梁端0.67m，距底0.60m；另一端距卡风向梁端1.75m，距底0.26m	斜向裂缝	$L=1.14\text{m}$，$W=0.14\text{mm}$	图18-23	原有
21	2号跨	5号箱梁	位于底面，距1号墩帽梁卡风面11.20m，距右0.26m	纵向裂缝	$L=23.16\text{m}$，$W=0.14\text{mm}$	—	原有
22		5号箱梁	位于底面，距1号墩盖梁10.12m，距左0.20m	纵向裂缝	$L=14.30\text{m}$，$W=0.14\text{mm}$	—	原有
23		5号箱梁	位于底面，距1号墩帽梁卡风面11.94m，距右0.22m	剥落	$S=0.13\text{m}^2$	—	原有
24		6号箱梁	位于底面，距1号墩帽梁卡风面10.31m，距右0.20m	剥落	$S=0.19\text{m}^2$	—	原有
25		6号箱梁	位于底面，距1号墩帽梁卡风面15.60m，距右0.21m	剥落	$S=0.09\text{m}^2$	图18-24	原有
26		6号箱梁	位于底面，距1号墩帽梁卡风面25.10m，距右0.25m	剥落	$S=0.15\text{m}^2$	—	原有
27		7号箱梁	位于底面，距1号墩帽梁卡风面12.56m，距右0.30m	剥落	$S=0.12\text{m}^2$	图18-25	原有

续上表

序号	构件编号	构件部位	病害位置	病害类型	范围程度	典型图片	备注
28	2号跨	7号箱梁	位于底面,距1号墩帽梁12.50m,距右0.40m	剥落	$S=0.04m^2$	—	原有
29		8号箱梁	位于底面,距1号墩帽梁12.50m,距右0.40m	剥落、露筋锈蚀	$S=0.08m^2$	图18-26	原有
30		8号箱梁	位于右侧面,距友谊关向梁端0m,距底0.50m	剥落	$S=0.20m^2$	—	原有
31		8号箱梁	位于底面,距1号墩盖梁12.60m,距右0.40m	剥落	$S=0.07m^2$	图18-27	原有
32		8号箱梁	位于底面,距1号墩盖梁10.50m,距右0.40m	剥落	$S=0.06m^2$	—	原有
33	3号跨	1号箱梁	位于底面,距2号墩帽梁卡风面2.80m,距右0.33m	纵向裂缝	$L=6.30m$, $W=0.20mm$	—	原有
34		5号箱梁	位于底面,距2号墩帽梁卡风面2.78m,距右0.80m	纵向裂缝	$L=6.30m$, $W=0.20mm$	—	原有
35		5号箱梁	位于底面,距2号墩帽梁卡风面5.81m,距右020m	纵向裂缝	$L=17.85m$, $W=0.28mm$	—	原有
36		5号箱梁	位于底面,距2号墩帽梁卡风面26.00m,距右0.20m	剥落	$S=0.07m^2$	—	原有
37		6号箱梁	位于底面,距2号墩帽梁卡风面6.42m,距右0.36m	剥落	$S=0.05m^2$	—	原有
38		6号箱梁	位于底面,距2号墩帽梁卡风面12.15m,距右0.38m	剥落	$S=0.04m^2$	—	原有
39		6号箱梁	位于底面,距2号墩盖梁26.00m,距左0.26m	剥落	$S=0.03m^2$	—	原有
40	4号跨	1号箱梁	位于底面,距4号墩帽梁卡风面15.22m,距右0.22m	纵向裂缝	$L=18.80m$, $W=0.14mm$	—	原有
41		1号箱梁	位于底面,距4号墩帽梁卡风面7.86m,距右0.81m	纵向裂缝	$L=19.89m$, $W=0.12mm$	—	原有
42		2号箱梁	位于底面,距3号墩盖梁6.98m,距左0.20m	纵向裂缝	$L=7.05m$, $W=0.10mm$	—	原有
43		2号箱梁	位于底面,距4号墩帽梁卡风面28.05m,距右0.30m	剥落、露筋锈蚀	$S=0.31m^2$	图18-28	原有
44		3号箱梁	位于底面,距4号墩帽梁卡风面6.99m,距右0.20m	纵向裂缝	$L=14.12m$, $W=0.14mm$	图18-29	原有

续上表

序号	构件编号	构件部位	病害位置	病害类型	范围程度	典型图片	备注
45	4号跨	4号箱梁	位于底面，距4号墩帽梁卡风面6.90m，距右0.80m	纵向裂缝	$L=15.32$m，$W=0.12$mm	—	原有
46		4号箱梁	位于底面，距4号墩帽梁卡风面7.79m，距右0.20m	纵向裂缝	$L=7.30$m，$W=0.10$mm	—	原有
47		4号箱梁	位于底面，距4号墩盖梁9.00m，距左0.76m	纵向裂缝	$L=1.95$m，$W=0.06$mm	图18-30	原有
48		5号箱梁	位于底面，距4号墩帽梁卡风面8.30m，距右0.80m	纵向裂缝	$L=19.88$m，$W=0.20$mm	—	原有
49		5号箱梁	位于底面，距4号墩帽梁卡风面14.82m，距右0.15m	纵向裂缝	$L=10.10$m，$W=0.12$mm	—	原有
50		5号箱梁	位于底面，距4号墩帽梁卡风面24.75m，距右0.30m	剥落、露筋锈蚀	$S=0.01\text{m}^2$	—	原有
51		7号箱梁	位于底面，距3号墩盖梁15.10m，距右0.65m	纵向裂缝	$L=17.60$m	—	原有
52		8号箱梁	位于底面，距3号墩帽梁卡风面12.77m，距右0.65m	纵向裂缝	$L=14.14$m，$W=0.20$mm	—	原有
53		8号箱梁	位于底面，距3号墩帽梁卡风面11.26m，距右0.12m	纵向裂缝	$L=19.24$m，$W=0.20$mm	—	原有
54		8号箱梁	位于右腹板，距3号墩帽梁卡风面8.85m，距底0.25m	纵向裂缝	$L=6.05$m，$W=0.20$mm	图18-31	原有
55		8号箱梁	位于右腹板，距3号墩帽梁卡风面29.40m，距底0.25m	纵向裂缝	$L=4.53$m，$W=0.16$mm	—	原有
56	5号跨	1号箱梁	位于底面，距4号墩帽梁卡风面14.27m，距右0.35m	纵向裂缝	$L=15.2$m，$W=0.16$mm	—	原有
57		2号箱梁	位于底面，距4号墩帽梁卡风面8.69m，距右0.76m	纵向裂缝	$L=12.45$m，$W=0.14$mm	—	原有
58		5号箱梁	位于底面，距4号墩帽梁卡风面7.55m，距右0.20m	纵向裂缝	$L=15.23$m，$W=0.10$mm	图18-32	原有
59		6号箱梁	位于底面，距4号墩帽梁卡风面8.60m，距右0.80m	纵向裂缝	$L=19.70$m，$W=0.12$mm	—	原有
60		6号箱梁	位于底面，距4号墩帽梁卡风面7.35m，距右0.23m	纵向裂缝	$L=4.90$m，$W=0.10$mm	—	原有
61		7号箱梁	位于底面，距4号墩帽梁卡风面7.48m，距右0.75m	纵向裂缝	$L=17.80$m，$W=0.14$mm	图18-33	原有

续上表

序号	构件编号	构件部位	病害位置	病害类型	范围程度	典型图片	备注
62	5号跨	8号箱梁	位于底面，距4号墩帽梁卡风面7.15m，距右0.18m	纵向裂缝	$L=18.54m$，$W=0.18mm$	图18-34	原有
63		8号箱梁	位于底面，距4号墩盖梁15.02m，距左0.25m	纵向裂缝	$L=1.52m$，$W=0.10mm$	—	原有
64	6号跨	1号箱梁	位于底面，5号墩帽梁卡风面5.45m，距右0.73m	纵向裂缝	$L=18.40m$，$W=0.14mm$	—	原有
65		1号箱梁	位于底面，5号墩帽梁卡风面7.50m，距右0.20m	纵向裂缝	$L=20.17m$，$W=0.12mm$	—	原有
66		1号箱梁	位于右侧面，距5号墩盖梁3.30m，距底0.35m	纵向裂缝	$L=25.60m$，$W=0.14mm$	—	原有
67		2号箱梁	位于底面，5号墩帽梁卡风面15.50m，距右0.24m	纵向裂缝	$L=22.59m$，$W=0.14mm$	—	原有
68		2号箱梁	位于底面，5号墩帽梁卡风面12.30m，距右0.69m	纵向裂缝	$L=17.36m$，$W=0.14mm$	—	原有
69		3号箱梁	位于底面，5号墩帽梁卡风面6.12m，距右0.21m	纵向裂缝	$L=23.94m$，$W=0.16mm$	—	原有
70		3号箱梁	位于底面，5号墩帽梁卡风面10.60m，距右0.70m	纵向裂缝	$L=15.80m$，$W=0.14mm$	—	原有
71		3号箱梁	位于右侧面，距卡风向梁端2.13m，距底0.31m	纵向裂缝	$L=4.66m$，$W=0.08mm$	—	原有
72		3号箱梁	位于右侧面，距卡风向梁端8.30m，距底0.30m	纵向裂缝	$L=24.32m$，$W=0.14mm$	—	原有
73		4号箱梁	位于底面，5号墩帽梁卡风面15.44m，距右0.73m	纵向裂缝	$L=22.78m$，$W=0.12mm$	—	原有
74		7号箱梁	位于底面，5号墩帽梁卡风面23.85m，距右0.58m	剥落	$S=0.06m^2$	—	原有
75		8号箱梁	位于底面，5号墩帽梁卡风面9.64m，距右0.18m	纵向裂缝	$L=16.50m$，$W=0.16mm$	—	原有
76		8号箱梁	位于底面，5号墩帽梁卡风面7.20m，距右0.76m	纵向裂缝	$L=19.80m$，$W=0.16mm$	—	原有

主梁病害照片如图18-16～图18-34所示。

图 18-16　2 号箱梁斜向裂缝

图 18-17　3 号箱梁横向裂缝

图 18-18　5 号箱梁斜向裂缝

图 18-19　5 号箱梁斜向裂缝

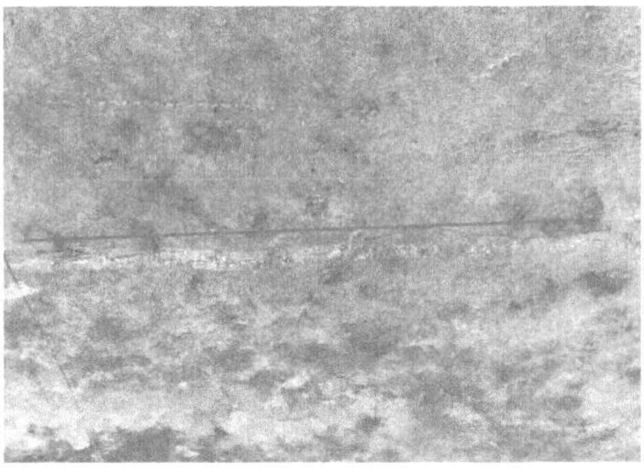

图 18-20　6 号箱梁斜向裂缝

图 18-21　6 号箱梁斜向裂缝

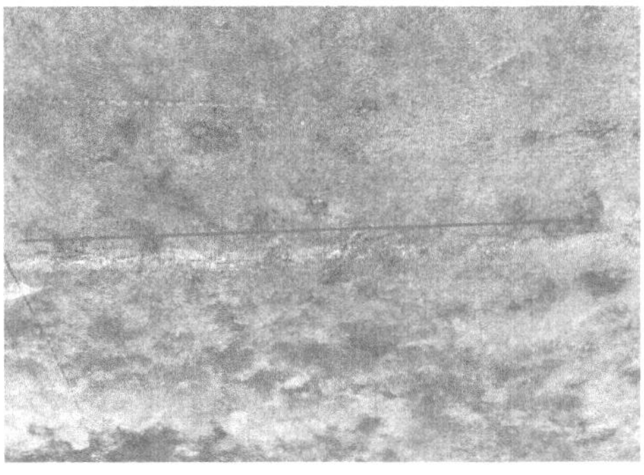

图 18-22　7 号箱梁纵向裂缝

图 18-23　8 号箱梁斜向裂缝

图 18-24　6 号箱梁剥落

图 18-25　7 号箱梁纵剥落

图 18-26　8 号箱梁剥落、露筋锈蚀

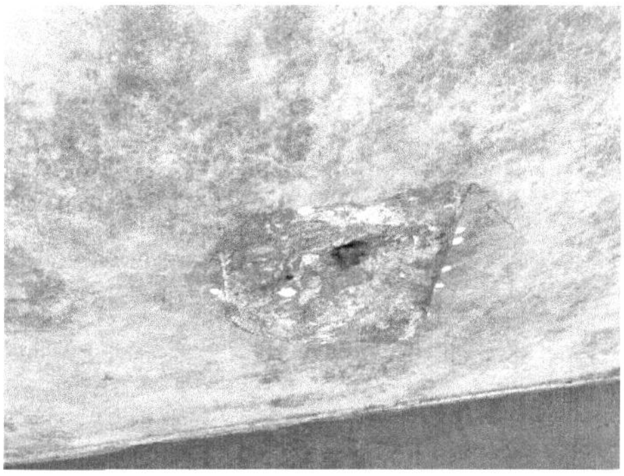

图 18-27　8 号箱梁剥落

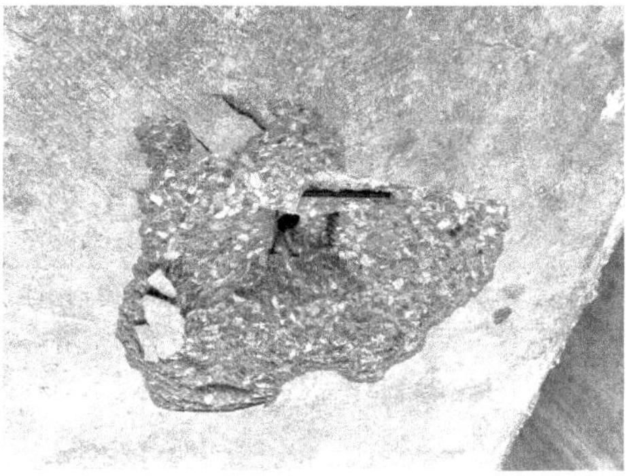

图 18-28　2 号箱梁、露筋锈蚀

图 18-29　3 号箱梁纵向裂缝

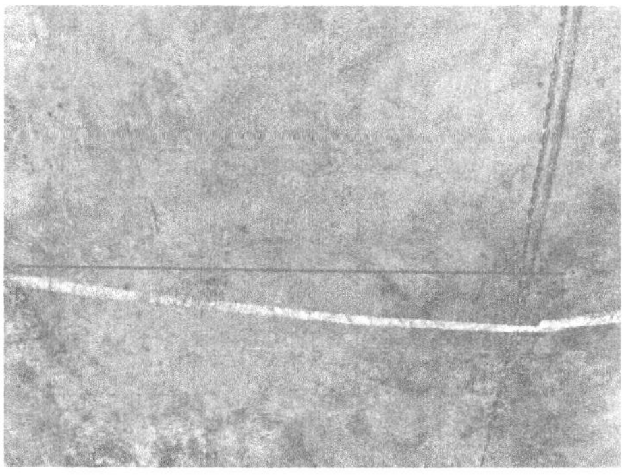

图 18-30　4 号箱梁纵向裂缝

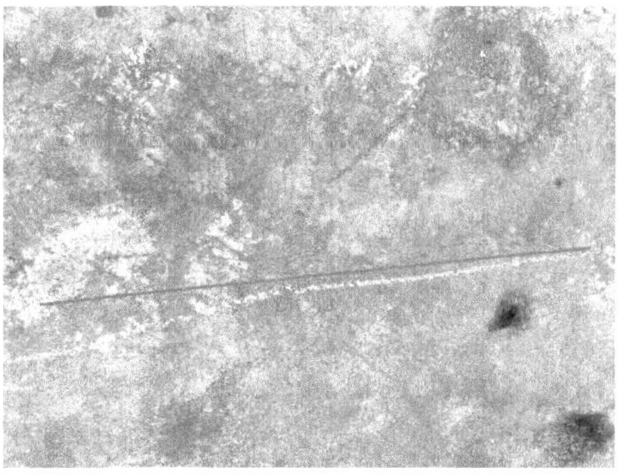

图 18-31　8 号箱梁纵向裂缝

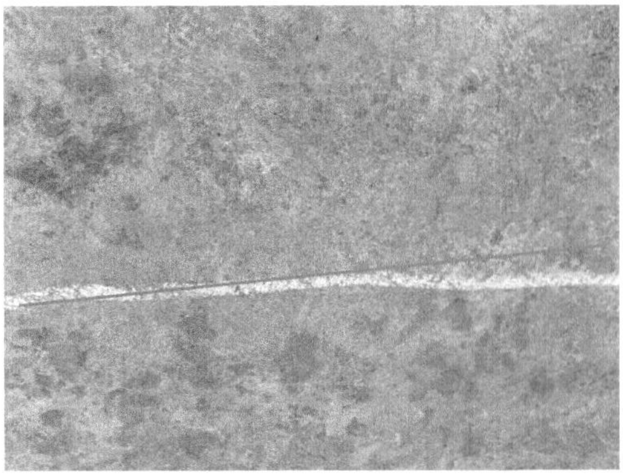

图 18-32 5 号箱梁纵向裂缝

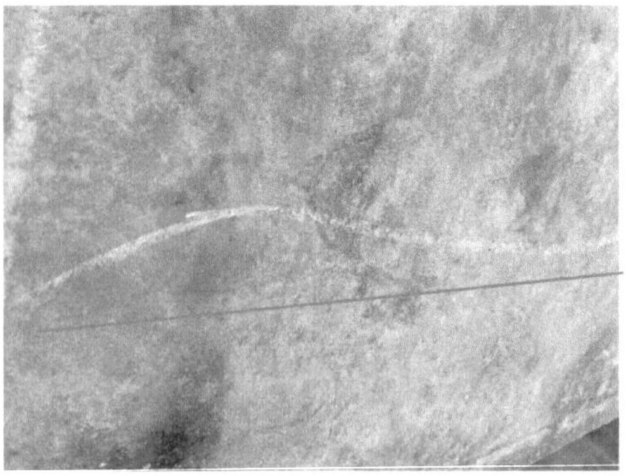

图 18-33 7 号箱梁纵向裂缝

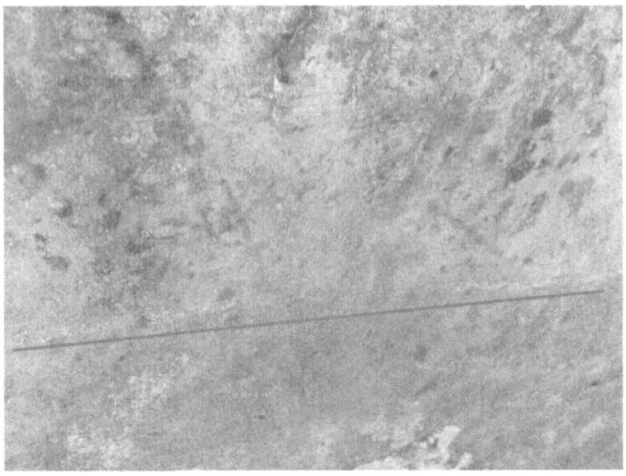

图 18-34 8 号箱梁纵向裂缝

(2)湿接缝检查结果列表见表 18-7。

湿接缝检查结果列表 表 18-7

序号	构件编号	构件部位	病害位置	病害类型	范围程度	典型图片	备注
1	3 号跨	1 号湿接缝	位于底面,距 1 号横隔板 1.20m,距右 0m	蜂窝麻面	$S=0.65m^2$	—	原有
2	4 号跨	3 号湿接缝	位于底面,距 3 号横隔板 1.35m,距右 0m	横向裂缝	$L=1.00m$, $W=0.14mm$	—	原有
3		5 号湿接缝	位于底面,距 3 号横隔板 5.01m,距右 0m	横向裂缝	$L=1.00m$, $W=0.20mm$	—	原有
4		5 号湿接缝	位于底面,距 3 号横隔板 6.46m,距右 0m	横向裂缝	$L=1.00m$, $W=0.20mm$	—	原有
5		5 号湿接缝	位于底面,距 3 号横隔板 9.55m,距右 0m	横向裂缝	$L=1.00m$, $W=0.16mm$	—	原有
6		7 号湿接缝	位于底面,距 3 号墩盖梁 19.20m,距右 0m	泛碱	$S=1.28m^2$	图 18-35	原有

续上表

序号	构件编号	构件部位	病害位置	病害类型	范围程度	典型图片	备注
7	5号跨	5号湿接缝	位于底面,距5-5-2号横隔板友谊关面0m,距右0m	剥落、露筋锈蚀	$S=0.06m^2$	—	原有
8		6号湿接缝	位于底面,距5-6-2号横隔板卡凤面2.06m,距右0m	横向裂缝	$L=1.00m$	—	原有
9		6号湿接缝	位于底面,距5-6-2号横隔板卡凤面5.40m,距右0m	横向裂缝	$L=1.00m$	—	原有
10		6号湿接缝	位于底面,距5-6-2号横隔板卡凤面7.89m,距右0m	横向裂缝	$L=1.00m$	—	原有
11		6号湿接缝	位于底面,距5-6-2号横隔板卡凤面9.75m,距右0m	横向裂缝	$L=1.00m$	—	原有

湿接缝病害照片如图18-35所示。

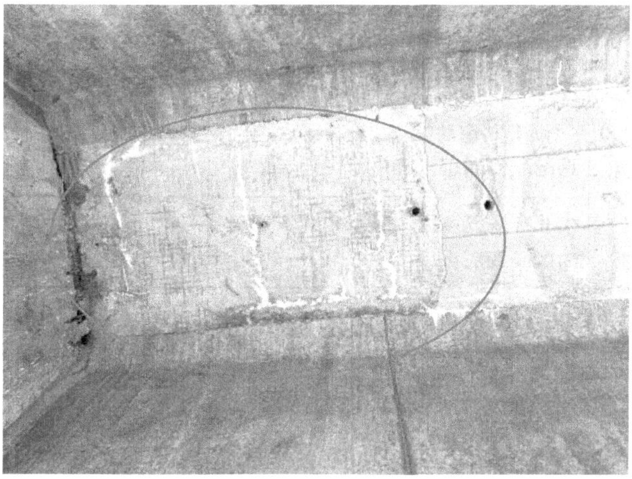

图18-35　7号湿接缝泛碱

(3)横隔板检查结果列表见表18-8。

横隔板检查结果列表　表18-8

序号	构件编号	构件部位	病害位置	病害类型	范围程度	典型图片	备注
1	1号跨	4-3号横隔板	位于底面,距右0m	剥落、露筋锈蚀	$S=0.05m^2$	图18-36	原有
2		5-4号横隔板	位于底面,距6号梁右侧面0m,距友谊关面0m	剥落、露筋锈蚀	$S=0.06m^2$	图18-37	原有
3		7-4号横隔板	位于底面,距右0m	剥落、露筋锈蚀	$S=0.04m^2$	—	原有

续上表

序号	构件编号	构件部位	病害位置	病害类型	范围程度	典型图片	备注
4	2号跨	5-2号横隔板	位于底面，距6号梁左侧面0m，距右0m	蜂窝麻面	$S=0.06\text{m}^2$	图18-38	原有
5		5-3号横隔板	位于底面，距左0m	剥落、露筋锈蚀	$S=0.10\text{m}^2$	—	原有
6		5-3号横隔板	位于底面，距右0m	剥落、露筋锈蚀	$S=0.09\text{m}^2$	图18-39	原有
7		6-2号横隔板	位于卡凤面，距左0m	剥落、露筋锈蚀	$S=0.05\text{m}^2$	图18-40	原有
8	3号跨	2-5号横隔板	位于友谊关面，距2号梁右侧面0.15m，距底0m	竖向裂缝	$L=1.10\text{m}$，$W=0.14\text{mm}$	—	原有
9		3-5号横隔板	位于友谊关面，距4号梁左侧面0.30m，距底0m	竖向裂缝	$L=0.95\text{m}$，$W=0.24\text{mm}$	—	原有
10		3-5号横隔板	位于友谊关面，距3号梁右侧面0.30m，距底0m	竖向裂缝	$L=1.80\text{m}$，$W=0.20\text{mm}$	—	原有
11		4-5号横隔板	位于友谊关面，距4号梁右侧面0.65m，距底0m	竖向裂缝	$L=1.85\text{m}$，$W=0.28\text{mm}$	—	原有
12		4-5号横隔板	位于友谊关面，距4号梁右侧面2.00m，距底0m	竖向裂缝	$L=1.10\text{m}$，$W=0.26\text{mm}$	—	原有
13		5-5号横隔板	位于友谊关面，距5号梁右侧面0.50m，距底0m	竖向裂缝	$L=1.60\text{m}$，$W=0.20\text{mm}$	—	原有
14		5-5号横隔板	位于友谊关面，距5号梁右侧面1.95m，距底0m	竖向裂缝	$L=0.67\text{m}$，$W=0.18\text{mm}$	—	原有
15		6-5号横隔板	位于友谊关面，距5号梁右侧面1.30m，距底0m	竖向裂缝	$L=1.90\text{m}$，$W=0.24\text{mm}$	—	原有
16	4号跨	3-3号横隔板	位于底面，距3号梁右侧面0m，距卡凤面0m	剥落、露筋锈蚀	$S=0.02\text{m}^2$	—	原有
17		3-4号横隔板	位于友谊关面，距3号梁右侧面0m，距顶0m	剥落、露筋锈蚀	$S=0.04\text{m}^2$	—	原有
18		7-2号横隔板	位于友谊关面，距左0.10m，距顶0m	剥落、露筋锈蚀	$S=0.11\text{m}^2$	—	原有
19	5号跨	6-2号横隔板	位于友谊关面，距7号梁左侧面0m，距右0m	剥落、露筋锈蚀	$S=0.16\text{m}^2$	—	原有

横隔板病害照片如图 18-36～图 18-40 所示。

图 18-36 4-3 号横隔板露筋锈蚀

图 18-37 5-4 号横隔板露筋锈蚀

图 18-38 5-2 号横隔板露筋锈蚀

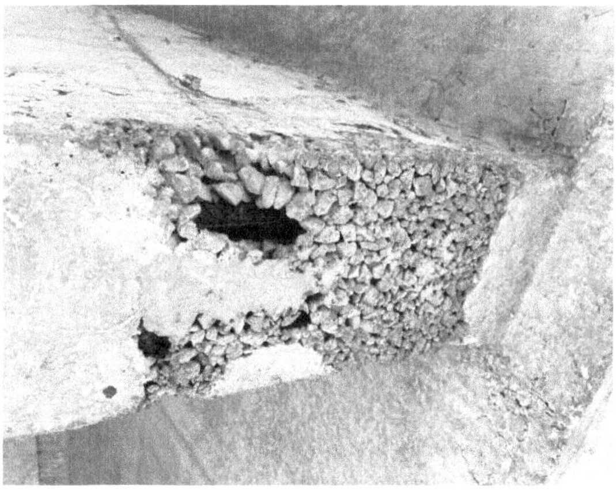

图 18-39 5-3 号横隔板露筋锈蚀

图 18-40 6-2 号横隔板露筋锈蚀

(4) 支座检查结果列表见表 18-9。

支座检查结果列表 表 18-9

序号	构件编号	病害位置	病害数量	病害类型	范围程度	典型图片	备注
1	1-0-1 号支座	—	1	剪切变形	小于 30°	—	原有
2	1-0-2 号支座	—	1	剪切变形	小于 30°	—	原有
3	1-1-5 号支座	—	1	钢垫板锈蚀	—	图 18-41	新增
4	1-1-6 号支座	—	1	钢垫板锈蚀	—	—	新增
5	3-2-1 号支座	—	1	剪切变形	小于 30°	图 18-42	原有
6	3-2-2 号支座	—	1	剪切变形	小于 30°	—	原有
7	3-2-11 号支座	—	1	剪切变形	小于 30°	图 18-43	原有
8	3-2-13 号支座	—	1	剪切变形	小于 30°	图 18-44	原有
9	3-2-15 号支座	—	1	剪切变形	小于 30°	—	原有
10	3-2-16 号支座	—	1	钢板锈蚀	—	—	原有
11	6-6-9 号支座	—		剪切变形	小于 30°	图 18-45	原有
12	6-6-10 号支座	—	1	剪切变形	小于 30°	—	原有
13	6-6-11 号支座	—	1	剪切变形	小于 30°	图 18-46	原有

支座病害照片如图 18-41 ~ 图 18-46 所示。

图 18-41　1-1-5 号支座钢垫板锈蚀

图 18-42　3-2-1 号支座剪切变形

图 18-43　3-2-11 号支座剪切变形

图 18-44　3-2-13 号支座剪切变形

图 18-45 6-6-9 号支座剪切变形

图 18-46 6-6-11 号支座剪切变形

3. 下部结构

(1)桥墩检查结果列表见表 18-10。

桥墩检查结果列表 表 18-10

序号	构件编号	构件部位	病害位置	病害类型	范围程度	典型图片	备注
1	1-2 号墩	墩柱	位于友谊关面,距顶 0.30m	剥落、露筋锈蚀	$S=0.16m^2$	图 18-47	原有
2	2 号墩	盖梁	位于左侧面,距友谊关面 0.20m,距顶 0.20m	剥落、露露筋锈蚀	$S=0.70m^2$	图 18-48	原有
3	3 号墩	盖梁	位于卡风面,距左侧面 2.70m,距顶 0m	竖向裂缝	$L=1.20m$,$W=0.12mm$	—	原有
4	3 号墩	盖梁	位于友谊关面,距左侧面 2.93m,距顶 0m	竖向裂缝	$L=1.25m$,$W=0.12mm$	—	原有
5	2-2 号墩	墩柱	位于卡风面,距盖梁 33.80m	剥落、露筋锈蚀	$S=0.98m^2$	—	原有

桥墩病害照片如图 18-47、图 18-48 所示。

图 18-47 1-2 号墩墩柱剥落、露筋锈蚀

图 18-48 2 号墩盖梁露筋锈蚀

(2)桥台检查结果列表见表18-11。

桥台检查结果列表 表18-11

序号	构件编号	构件部位	病害位置	病害类型	范围程度	典型图片	备注
1	0号台	台帽	距右7.42m,距顶0m	竖向裂缝	$L=0.63$m, $W=0.16$mm	图18-49	原有
2		台帽	距右9.58m,距顶0m	竖向裂缝	$L=0.63$m, $W=0.14$mm	图18-50	原有
3		台帽	距右18.10m,距顶0m	竖向裂缝	$L=0.63$m, $W=0.10$mm	图18-51	原有
4		台帽	距右15.76m,距顶0m	竖向裂缝	$L=0.63$m, $W=0.14$mm	图18-52	原有
5		台帽	距右5.53m,距顶0m	竖向裂缝	$L=0.63$m, $W=0.16$mm	—	原有
6		台帽	位于顶面,距右侧面0m距前墙0m	滋生杂草	—	—	原有
7	0号台	台身	位于前墙,距右6.62m距顶0.62m	竖向裂缝	$L=2.10$m, $W=0.18$mm	—	原有

桥台病害照片如图18-49~图18-52所示。

图18-49 0号台帽竖向裂缝(1)

图18-50 0号台帽竖向裂缝(2)

图18-51 0号台帽竖向裂缝(3)

图18-52 0号台帽竖向裂缝(4)

(3)墩台基础。经现场检查,该部件未发现明显病害。

(4)锥坡、护坡。经现场检查,该部件未发现明显病害。

五、桥梁技术状况评估结果

根据《公路桥梁技术状况评定标准》(JTG/T H21—2011)的规定,对桥梁上部结构、下部结构、桥面系分别计算技术状况指数,全桥技术状况指数 BCI 为 80.20 分,评定为 2 类。桥梁技术状况指数一览表见表 18-12。

桥梁技术状况指数一览表 表 18-12

各结构状况指数			桥梁状况指数(BCI)	桥梁评估等级
桥面系状况指数(BCI_m)	上部结构状况指数(BCI_s)	下部结构状况指数(BCI_x)		
79.60	71.90	88.80	80.20	2 类

工作任务十九　桥梁静载试验

一、基本知识

1.适用范围

新建桥梁:在竣工验收前通常需要进行静载试验,以确保其施工质量和承载能力达到设计要求。

改建桥梁:在改建完成后,需通过静载试验评估其承载能力是否满足新的设计或使用要求。

疑问桥梁:对于存在疑问或潜在问题的桥梁,通过静载试验可以对其结构性能进行全面评估。

需通行特种车辆的新旧桥梁:为了确保通行特种车辆时桥梁的安全,应当对通行特种车辆的桥梁根据通行实际特种车辆的吨位和轴重来开展等效荷载试验或是模拟荷载试验。

修复的、加固的旧桥:通过静载试验,可以全面评估桥梁结构的静力位移、静力应变、裂缝等参量,并与设计参数进行对比分析,判断桥梁的维修或加固效果是否达到预期目标。

年久失修且缺乏设计数据及施工数据的旧桥梁:为了判断这类桥梁是否满足承受预计荷载的要求,需要对桥梁进行静力荷载试验。

2.检测依据

《公路桥梁荷载试验规程》(JTG/T J21-01—2015)。

《公路桥梁技术状况评定标准》(JTG/T H21—2011)。

3.检测原理

(1)通过静载试验,掌握结构的现有工作状况,判断桥梁的实际工作状况是否符合设计要求或处于正常受力状态。

(2)通过静载试验研究和理论计算分析,对桥梁的承载能力及工作状况做出综合评价,综合判断该桥梁的安全性和可靠性,并将试验报告作为今后定期养护参考的技术文件和依据。

二、主要仪具设备

电阻应变片,百分表,裂缝宽度观测仪,静载试验数据采集系统。

三、桥梁静载试验主要检测内容

根据不同桥型特点确定试验检测内容。

(1)连续梁桥主要观测内容:

①边孔 $L/4$ 及 $L/2$ 附近截面、中孔 $L/4$、$L/2$ 截面、墩顶截面在试验荷载下的应力(应变)。

②边孔、中孔控制截面($L/4$、$L/2$、$3L/4$)在试验荷载下的挠度。

③主梁在偏载作用下的荷载横向分布情况及偏载作用下的影响系数。

(2)简支梁(板)桥主要观测内容:

①跨中截面的最大正应力(应变)。

②跨中截面的挠度(刚度)分布规律。

③支座位置的沉降及梁端转角。

④跨径较大时要单独对 $L/4$ 截面加载测试 $L/4$ 截面的正应力(应变),跨径不大时对试验跨 $L/2$ 截面加载时同步测量 $L/4$ 截面的正应力(应变)。

四、静载试验现场实施

(1)静载试验前期准备工作。

(2)试验测点布置。试验测点布置的合理科学与否,是决定试验效果的关键因素,经我单位分析研究,进行荷载试验的简支桥梁,桥梁跨中截面每片梁板底面布置两个受拉应变测点和一个挠度观测点,在试验跨 $L/4$ 截面每片梁底面布置一个应变测点和一个挠度测点,在试验跨跨中截面偏载加载一侧的外腹板沿高度方向布置 3 ~ 5 个应变测点。测点布置如图 19-1、图 19-2 所示(以简支板梁为例,各桥实际测点布置中标后在实施方案中提供)。如计算分析表明支点附近的剪应力需要测试,则按照图 19-3 布置剪应力应变测点。

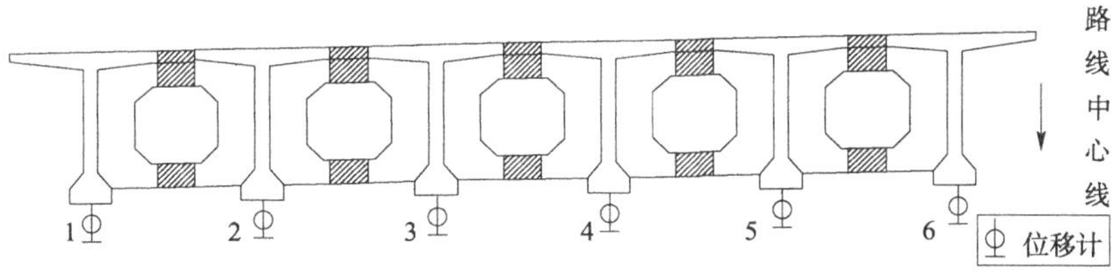

图 19-1 梁桥跨中截面挠度测点布置示意图

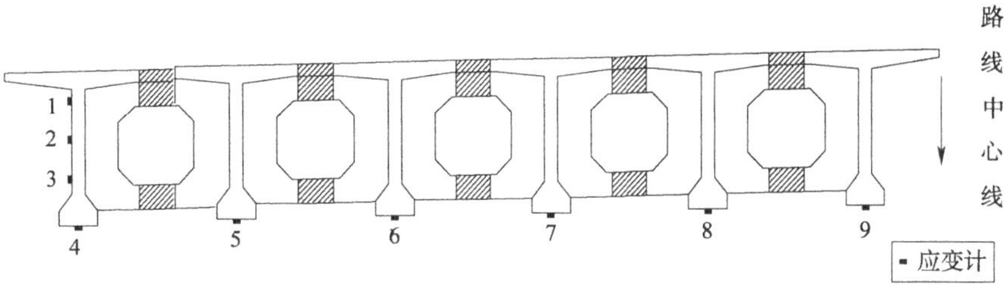

图 19-2 梁桥 $L/2$ 截面应变测点布置示意图

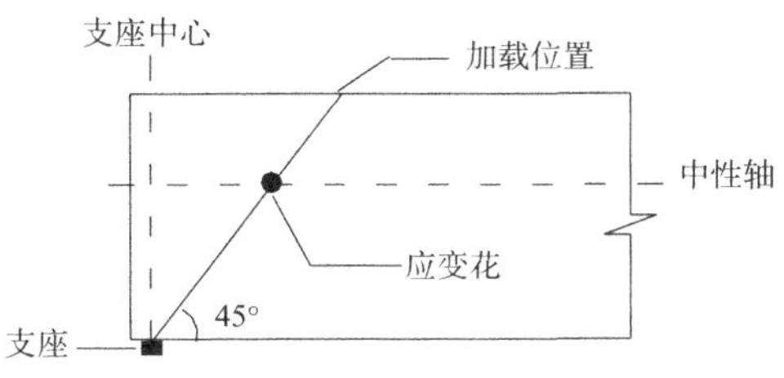

图 19-3 简支梁桥剪应变测点布置示意图

五、计算和分析

在进行静载试验准备的同时，根据常规检查结果和现有设计、竣工等资料，对结构进行计算分析，确定结构的控制截面、最不利荷载位置，进而确定该桥的内力控制截面，并确定静力分级加载方案。

静载试验最大试验荷载的确定方法如下：

静力试验荷载效率表示为

$$\eta = \frac{S_s}{S(1+\mu)} \tag{19-1}$$

式中：S_s——静载试验荷载作用下，某一加载试验项目对应的加载控制截面内力或位移的最大计算效应值；

S——控制荷载产生的同一加载控制截面内力或位移的最不利效应计算值；

μ——按规范取用的冲击系数值。

确定试验荷载大小及荷载加载位置后，建立全桥实体模型，对结构进行加载分析，得到试验荷载作用下，结构应力、变形的预测值（理论控制值）。

六、量测要求

在现场静载试验的短时间内，必须注意日照和昼夜温度变化对结构物及量测数据的影响。根据不同的量测方法和条件，采取以下措施减少温度对结构及测量结果的影响：

（1）静载试验安排在昼夜温差小、阴天或夜间（深夜至黎明前）近乎恒温的条件下。

（2）选择气象条件较稳定的日期进行试验。事先从当地气象台站取得可靠的天气预报资料，在加载试验前，即在无荷载作用下至少记录 24h 的气温变化，并采用与试验程序相同的间隔时间对所有测点进行读数，以此修正加载试验过程中各测点的量测数据。

（3）在试验过程中可采用连续观测读数，分段计算每个荷载阶段读数增量的方法（假设加载短时间内结构温度场近乎不变）。

（4）埋设与测点相同的、以传感器制备的无应力试件。在加载试验中，每次观测应力测点的同时。观测无应力计的变化，以此修正其他量测数据。此法只能补偿结构均匀温度变化和均匀收缩的影响。

（5）量测仪器的精度：静态测定时应选用不大于预计量测值的 5%，动态测定时应选用不大于预计量测最大值的 10%。

七、测试方法

1. 挠度测量方法

挠度测量采用电阻式位移计（图 19-4）、百分表或精密水准仪（图 19-5）进行测量。

2. 应力测试

应力测试采用混凝土表面应变计或应变片测试应变，再通过其计算公式换算成应力。

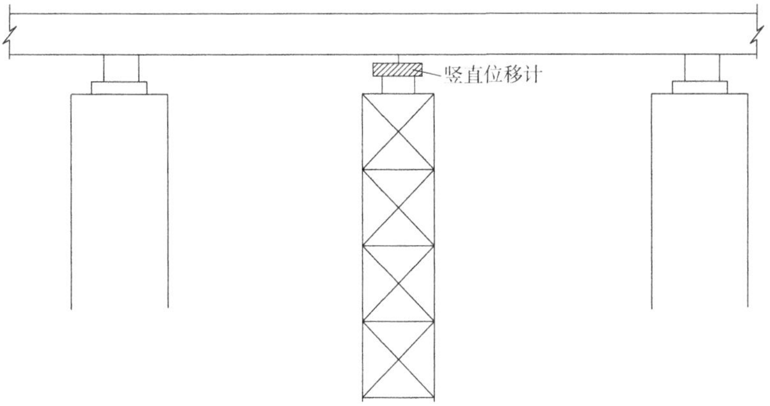

图 19-4 位移计测量挠度示意图

图 19-5 精密水准仪测量挠度

八、加载方法及实施

试验是按试验荷载效应与设计荷载效应等效的原则，并考虑到试验荷载来源、组织和调配的实际情况确定采用后八轮汽车作为移动试验荷载。

本次试验根据桥梁的结构形式，设置以下试验工况：

试验工况 1：边跨跨内最大正弯矩对称布载工况。

试验工况 2：边跨跨内最大正弯矩偏载工况。

各试验工况均按两级加载、两级卸载的方式进行静载试验。各试验工况加载、卸载程序见表 19-1。

各试验工况加载、卸载程序 表 19-1

加载等级	第一级加载	第二级加载	第一级卸载	第二级卸载
试验工况 1、试验工况 2	1 号、2 号车	3 号、4 号车	3 号、4 号车	1 号、2 号车

1. 试验工况 1：边跨跨内最大正弯矩对称布载工况

工况 1 车位加载布置示意图如图 19-6 所示。

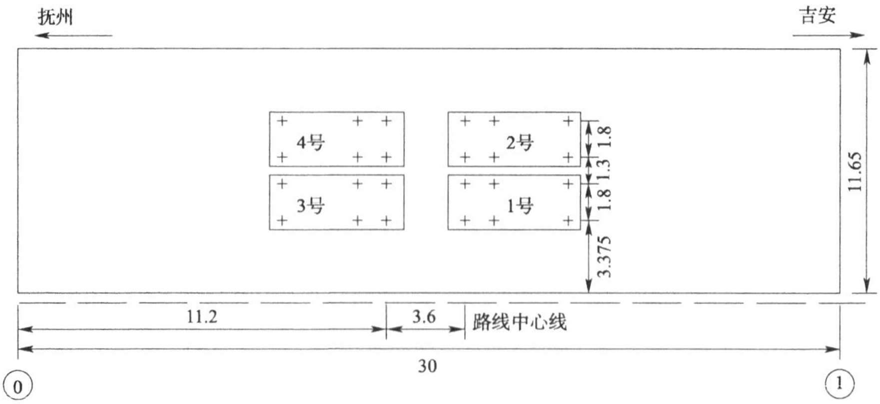

图 19-6 工况 1 车位加载布置示意图(尺寸单位:m)

2. 试验工况 2:边跨跨内最大正弯矩偏载工况

工况 2 车位加载布置示意图如图 19-7 所示。

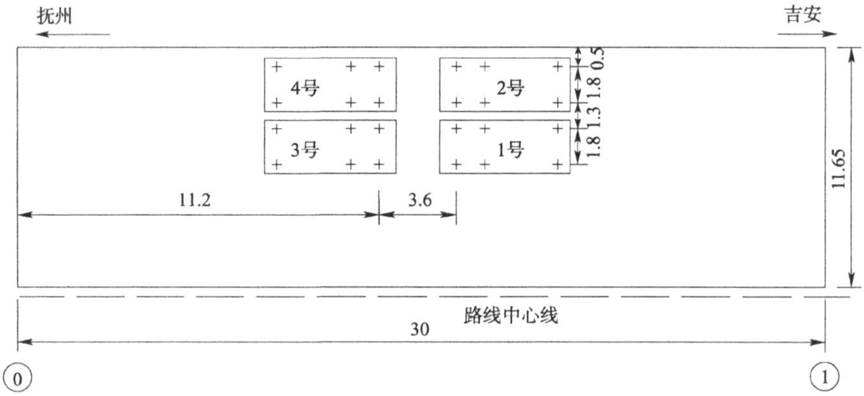

图 19-7 工况 2 车位加载布置示意图(尺寸单位:m)

九、静载试验的控制与安全

终止加载控制条件:

(1)控制测点的应力值已达到或超过用弹性理论按规范安全条件反算的控制应力值。

(2)控制测点变位(挠度)超过规范允许值。

(3)加载使结构裂缝的长度、缝宽急剧增加,新裂缝大量出现,裂缝宽度超过允许值的裂缝大量增多,对结构使用寿命造成较大影响。

(4)加载时沿跨长方向的实测挠度曲线分布规律与计算值相差过大或实测挠度超过计算过多。

(5)发生其他损坏,影响桥梁承载能力或正常使用。

十、检测数据整理分析及结论

根据以下数据进行桥梁静载试验的数据处理,判断桥梁的强度、刚度情况。

桥梁静载试验记录表及结果分析见表 19-2 ~ 表 19-5。

表 19-2

(0 号台～1 号墩)T 梁跨内梁底应变测试结果

试验工况 1:边跨跨内最大正弯矩对称布载工况

测点布置图

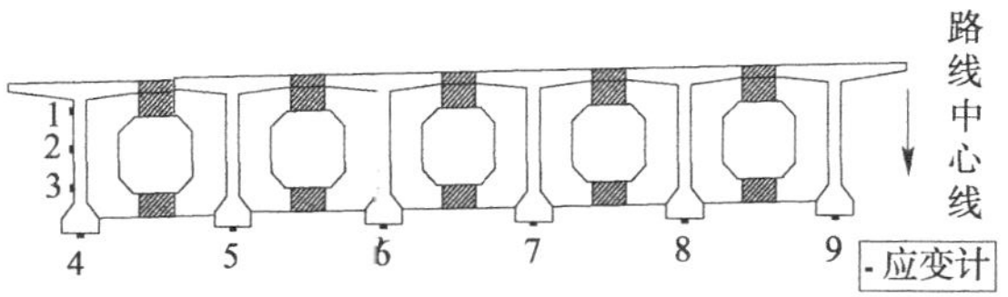

应变测点布置示意图

项目	测点号					
	4	5	6	7	8	9
总应变实测值 A(με)	30	37	42	37	35	30
应变卸载残余值 B(με)	1	0	1	0	0	2
弹性应变试验值 C(με)						
应变理论值 D(με)	73	74	75	75	74	73
$\eta = C/D$						
残余校验系数 B/A						

梁底应变曲线绘制如下:

表 19-3

(0 号台 ~1 号墩)T 梁跨内梁底挠度测试结果

试验工况 1:边跨跨内最大正弯矩对称布载工况

项目	测点号					
	1	2	3	4	5	6
总挠度实测值 A(mm)	3.37	3.69	3.47	3.74	3.39	4.03
挠度卸载残余值 B(mm)	0.02	0.02	0.11	0.02	0.02	0.05
弹性挠度试验值 C(mm)						
挠度理论值 D(mm)	7.09	7.24	7.33	7.33	7.24	7.09
$\eta = C/D$						
残余校验系数 B/A						

梁底挠度曲线绘制如下:

测点布置图

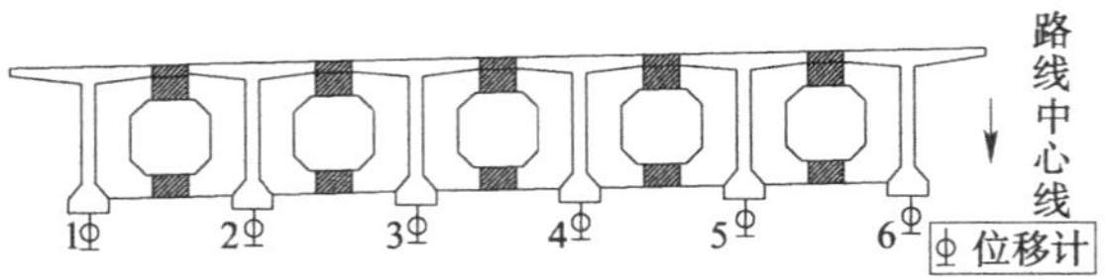

挠度测点布置示意图

表 19-4

(0 号台 ~1 号墩)T 梁跨内板底应变测试结果

试验工况 2:边跨跨内最大正弯矩偏载工况

测点布置图	项目	测点号					
		4	5	6	7	8	9
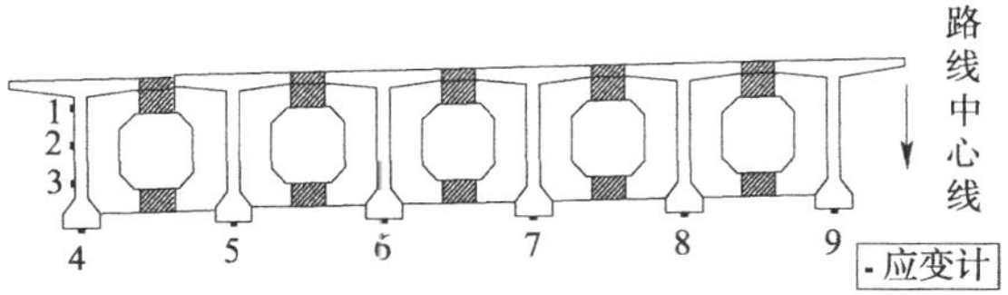	总应变实测值 $A(\mu\varepsilon)$	77	40	20	16	15	11
	应变卸载残余值 $B(\mu\varepsilon)$	4	1	1	0	0	1
	弹性应变试验值 $C(\mu\varepsilon)$						
	应变理论值 $D(\mu\varepsilon)$	150	120	89	59	32	16
	$\eta = C/D$						
	残余校验系数 B/A						
	梁底应变曲线绘制如下:						

应变测点布置示意图

(0号台~1号墩)**T梁跨内梁底挠度测试结果**

试验工况2:边跨跨内最大正弯矩偏载工况

表19-5

<table>
<tr><th rowspan="2">测点布置图</th><th rowspan="2">项目</th><th colspan="6">测点号</th></tr>
<tr><th>1</th><th>2</th><th>3</th><th>4</th><th>5</th><th>6</th></tr>
<tr><td rowspan="7">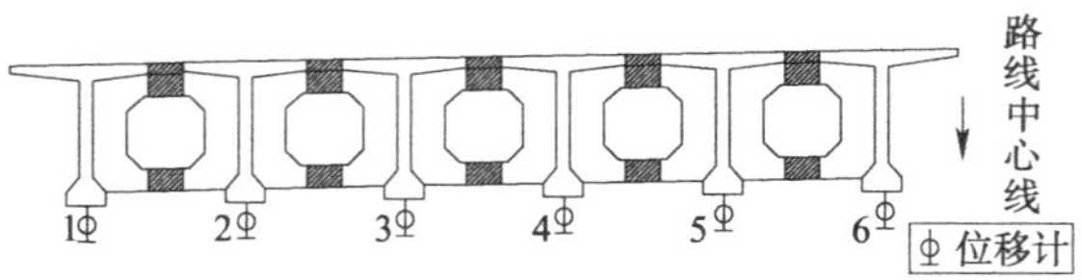挠度测点布置示意图</td><td>总挠度实测值 A(mm)</td><td>5.91</td><td>5.29</td><td>4.03</td><td>3.28</td><td>2.15</td><td>1.38</td></tr>
<tr><td>挠度卸载残余值 B(mm)</td><td>0.05</td><td>0.02</td><td>0.01</td><td>0.00</td><td>0.02</td><td>0.02</td></tr>
<tr><td>弹性挠度试验值 C(mm)</td><td></td><td></td><td></td><td></td><td></td><td></td></tr>
<tr><td>挠度理论值 D(mm)</td><td>14.62</td><td>11.74</td><td>8.75</td><td>5.73</td><td>3.09</td><td>1.45</td></tr>
<tr><td>$\eta = C/D$</td><td></td><td></td><td></td><td></td><td></td><td></td></tr>
<tr><td>残余校验系数 B/A</td><td></td><td></td><td></td><td></td><td></td><td></td></tr>
<tr><td colspan="7">梁底挠度曲线绘制如下:</td></tr>
</table>

工作任务二十　桥梁动载试验

一、试验目的

动载试验是测试移动车辆荷载作用下，主梁应力测试断面的动应力。根据规范定义，在桥梁的最不利加载位置布置车列荷载，在移动车列荷载作用下的动态增长率称为冲击系数，在一辆或几辆移动车辆荷载作用下的动态增长率称为动态增量。对于不同的测试项目，动态增量可分为位移动态增量和应力动态增量两种。用 μ 表示动态增量，则应力动态增量可表示为

$$\mu=\frac{\text{最大动应力}-\text{最大静应力}}{\text{最大静应力}} \tag{20-1}$$

测试移动车辆荷载作用下桥梁结构各主要部位的动应力是本次试验的内容之一。桥梁结构在移动车辆荷载作用下的动力反应，是桥梁和车辆这两个振动系统互相作用的结果，除了这两者本身的动力特性（质量、刚度、阻尼），还与桥面的平整度、车辆行驶的速度有关。

动载测试主要分为两部分：第一部分进行脉动试验，测量桥梁结构在环境激振条件下自由振动特性，即自振频率、阻尼、振型等；第二部分进行强迫振动试验（包括跑车试验、跳车试验），测量桥梁结构在试验荷载作用下的动力响应，即振幅和冲击系数。

动载试验包括振动频率和冲击系数。其目的是通过测量的数据和记录的波形，得到桥梁结构的动力特性，以检验桥梁的承载能力，评定桥梁的整体动力性能。

二、有限元计算结果

进行桥梁动载试验前，必须进行有限元计算分析，以获取结构的固有频率和振型等动态特性，并且根据振型特性进行传感器测点的布设。

某大桥固有频率计算结果见表 20-1。

某大桥固有频率计算结果　　表 20-1

结构频率 f_1(Hz)	结构频率 f_2(Hz)	结构频率 f_3(Hz)	冲击系数
0.9555	1.5750	1.8684	0.05

三、试验项目

1. 脉动试验

脉动试验主要是测试结构固有频率，测试截面及测点布置需要根据振型特性确定。某大桥脉动试验加速度传感器布置如图 20-1 所示。

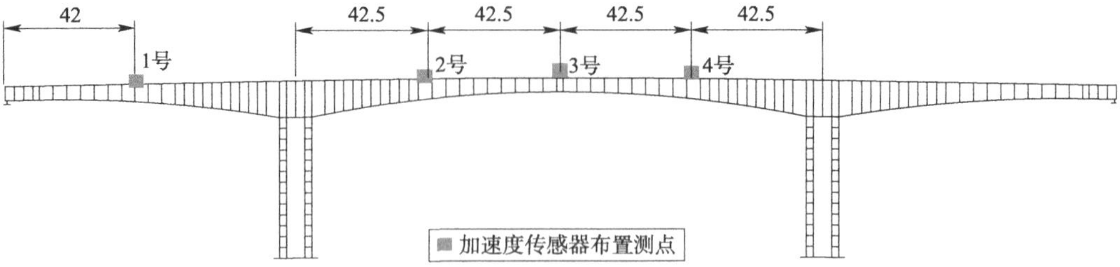

图 20-1　某大桥脉动试验加速度传感器布置(尺寸单位:m)

2. 跑车试验

(1)试验工况

2 辆试验车以不同的车速沿桥面行车道匀速往返行驶,采集各测试截面的纵向动应变。试验安排如下 3 个工况:

试验工况 1:试验车以 20km/h 的速度匀速驶过试验跨。

试验工况 2:试验车以 30km/h 的速度匀速驶过试验跨。

试验工况 3:试验车以 40km/h 的速度匀速驶过试验跨。

(2)动应变测试点

在截面布置 4 个应变片作为纵向动应变观测点。纵向动应变测点布置如图 20-2 所示。

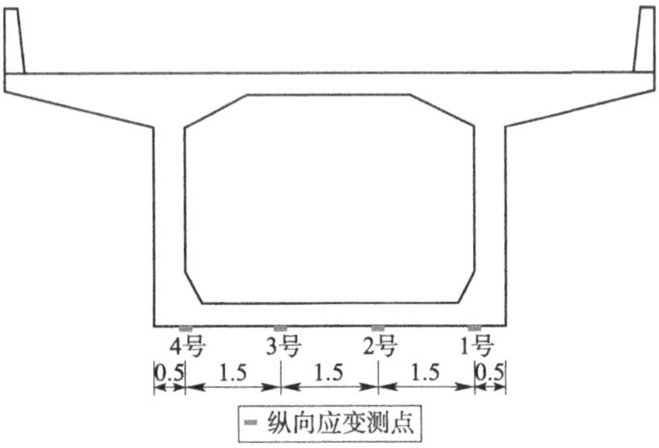

图 20-2　纵向动应变测点布置示意图(尺寸单位:m)

3. 紧急制动试验

用 1 辆试验车匀速行驶后分别在截面紧急制动,以测定桥梁结构在冲击荷载作用下的自由衰减振动响应和各测试截面的纵向动应变。

四、动载试验结果及分析

1. 脉动试验

通过脉动试验,对某大桥进行分析,实测和理论数据得出的前 5 阶频率见表 20-2 及图 20-3 ~ 图 20-13。

实测自振频率(单位:Hz)　　表 20-2

测点	实测值	理论值
竖桥向一阶自振频率	1.099	1.021
竖桥向二阶自振频率	1.807	1.630
竖桥向三阶自振频率	2.490	1.895
竖桥向四阶自振频率	3.247	2.530
竖桥向五阶自振频率	4.761	4.113

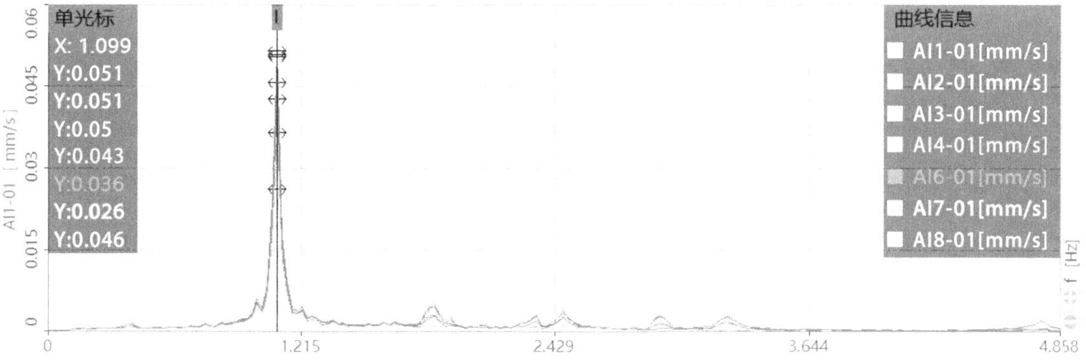

图 20-3 脉动测试界面

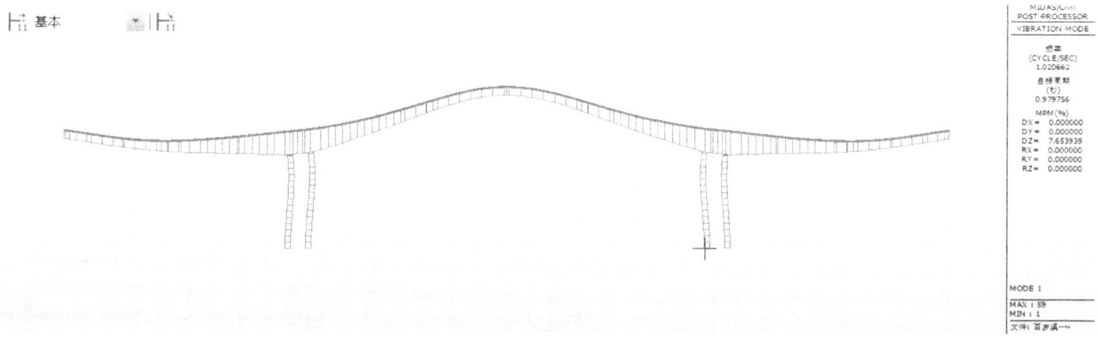

图 20-4 理论竖向一阶($f=1.021$)

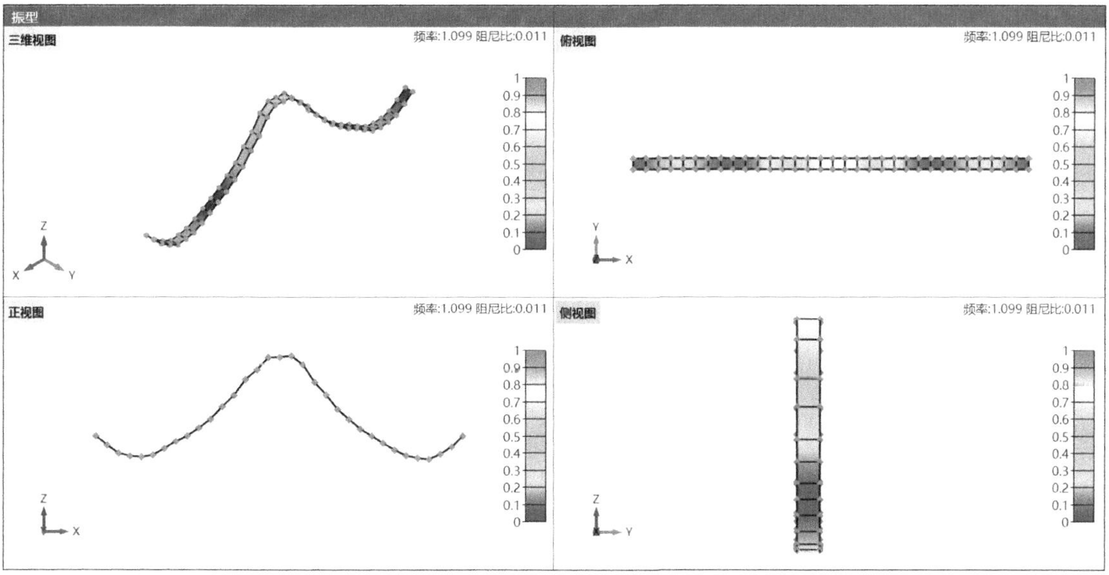

图 20-5 实测一阶($f=1.099$)

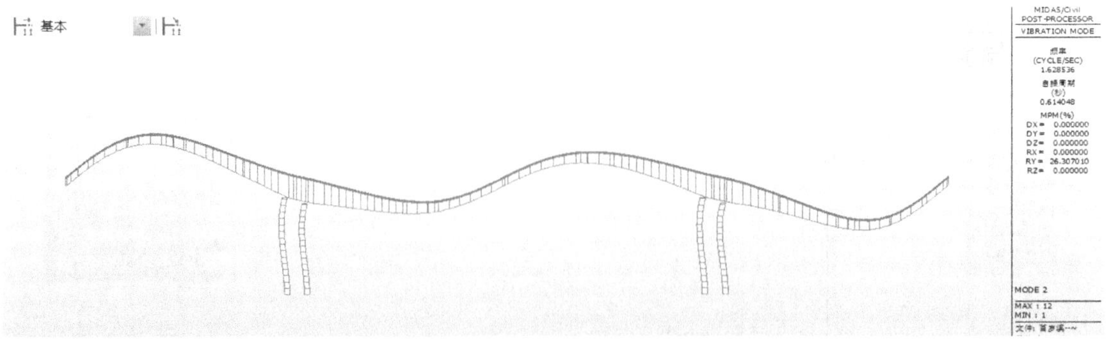

图 20-6　理论竖向二阶($f=1.630$)

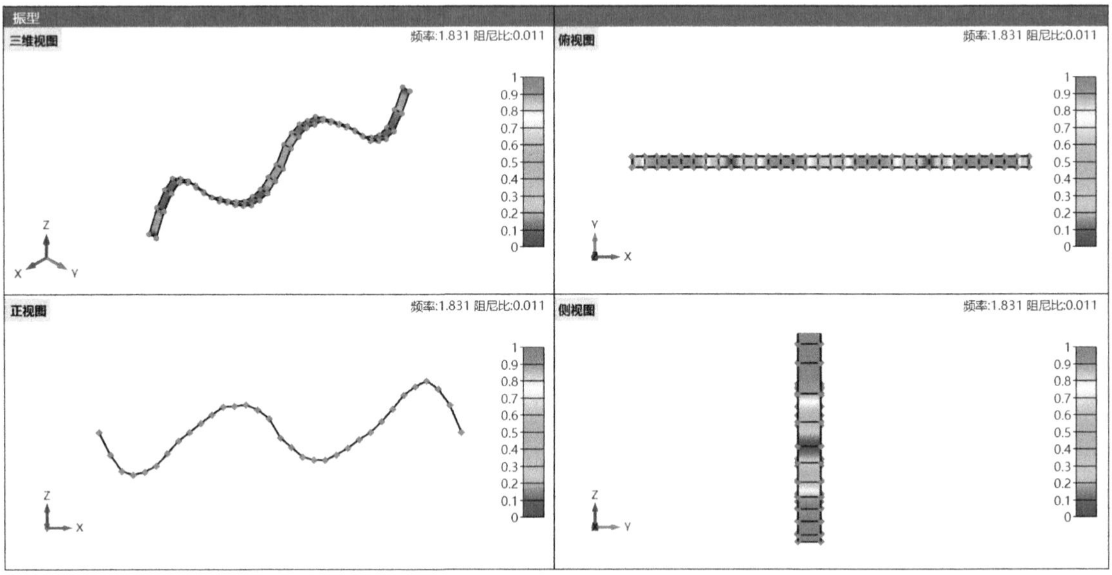

图 20-7　实测二阶($f=1.831$)

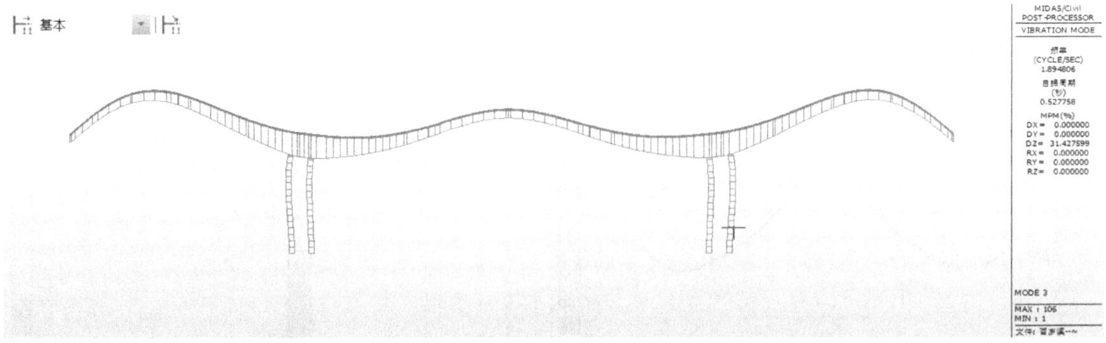

图 20-8　理论三阶($f=1.895$)

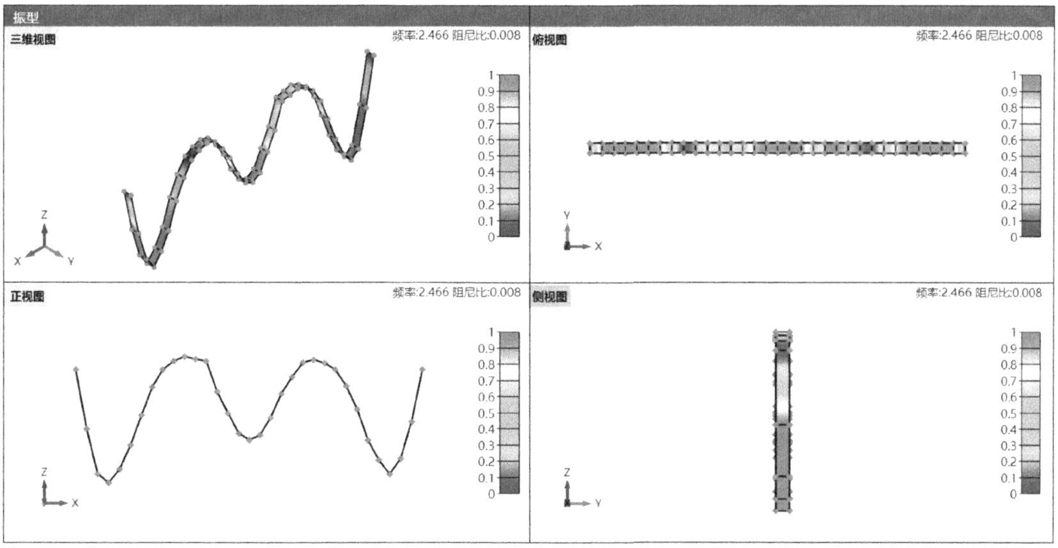

图 20-9　实测三阶($f=2.466$)

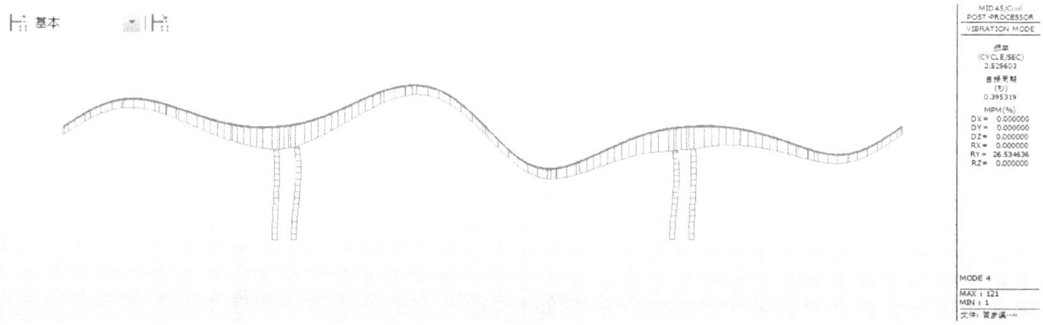

图 20-10　理论四阶($f=2.530$)

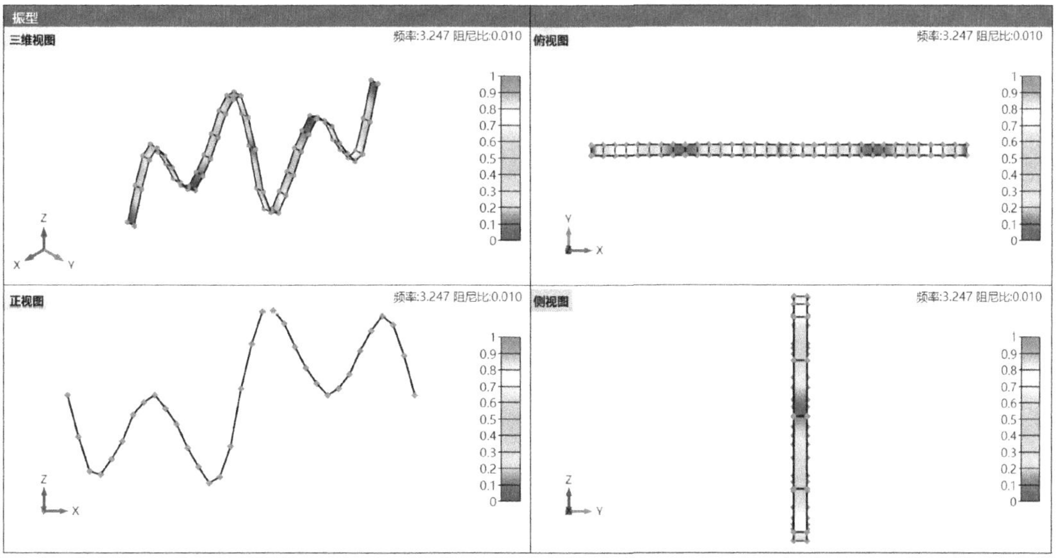

图 20-11　实测四阶($f=3.247$)

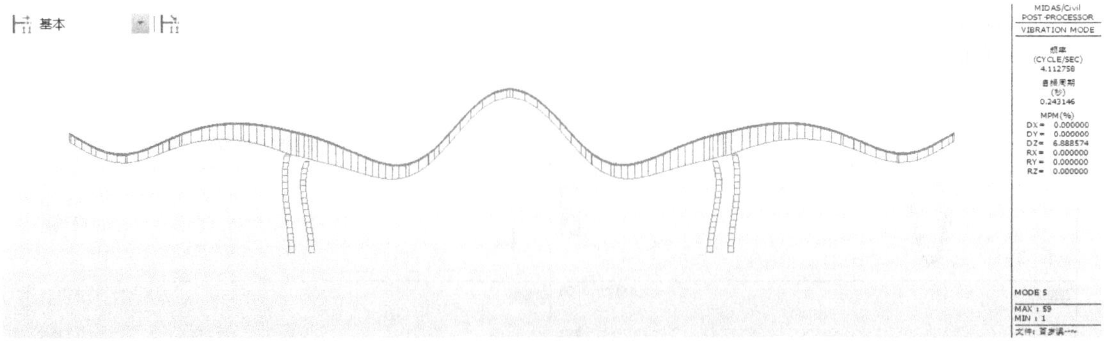

图 20-12　理论五阶($f=4.113$)

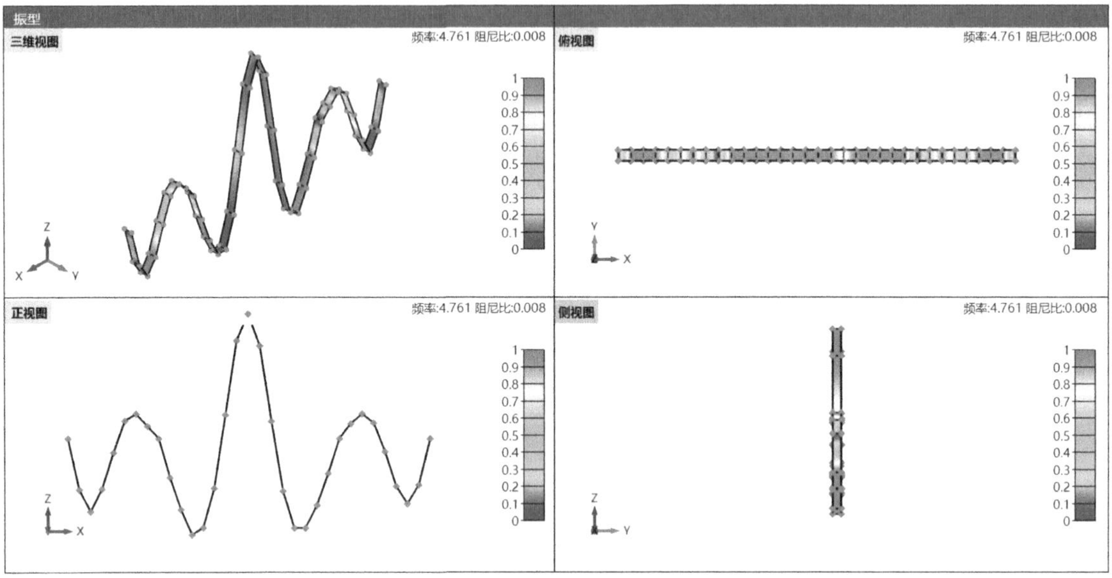

图 20-13　实测五阶($f=4.761$)

从脉动数据来看,桥主桥前5阶实测频率均大于理论值,结构基频 $f=1.099$,大于理论计算值1.021,试验表明桥梁整体刚度满足设计要求。

2. 冲击系数

跑车试验实测冲击系数见表20-3,边跨实测冲击系数最大值为1.074,中跨实测冲击系数最大值为1.066,对应的理论计算值为1.05,实测冲击系数略大于理论计算值(图20-14、图20-15)。

跑车实测冲击系数　　表 20-3

速度(km/h)	冲击系数	
	边跨	中跨
10	1.074	1.036
20	1.048	1.066
30	1.066	—

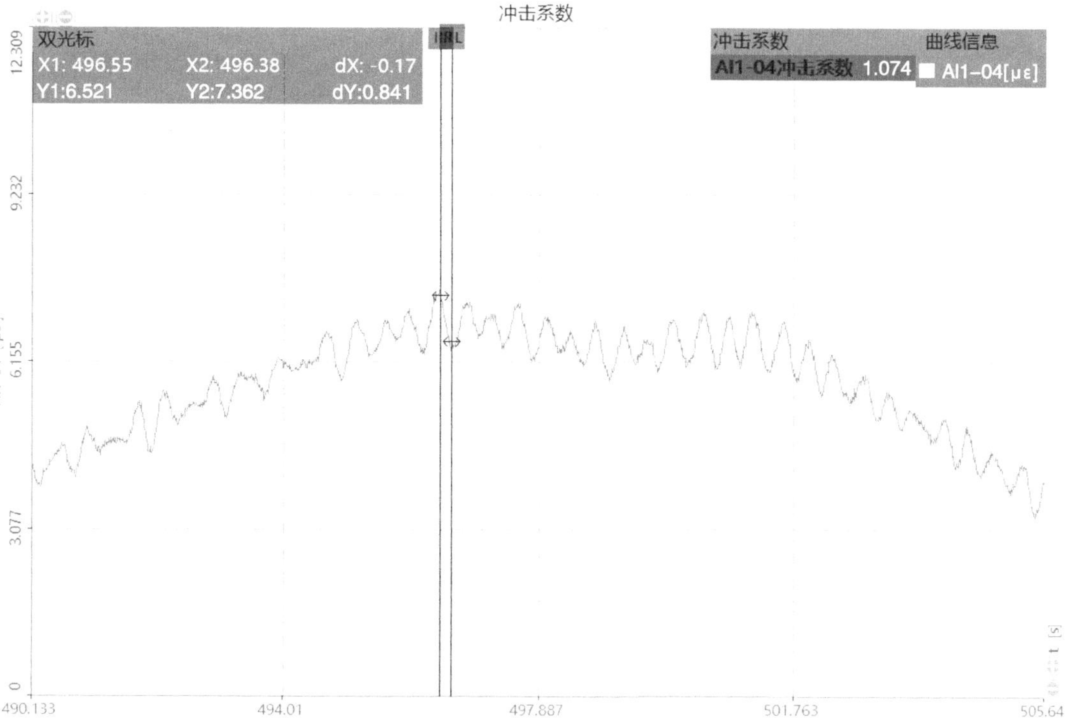

a) 10km/h 跑车下边跨动应变曲线

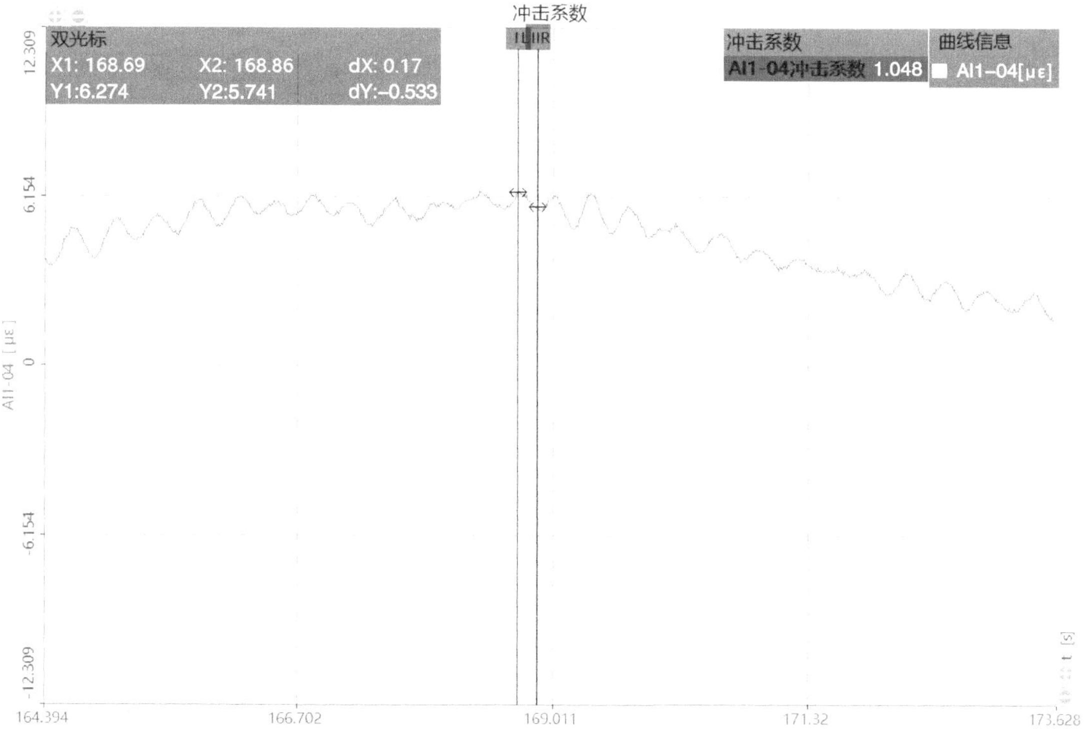

b) 20km/h 跑车下边跨动应变曲线

图 20-14

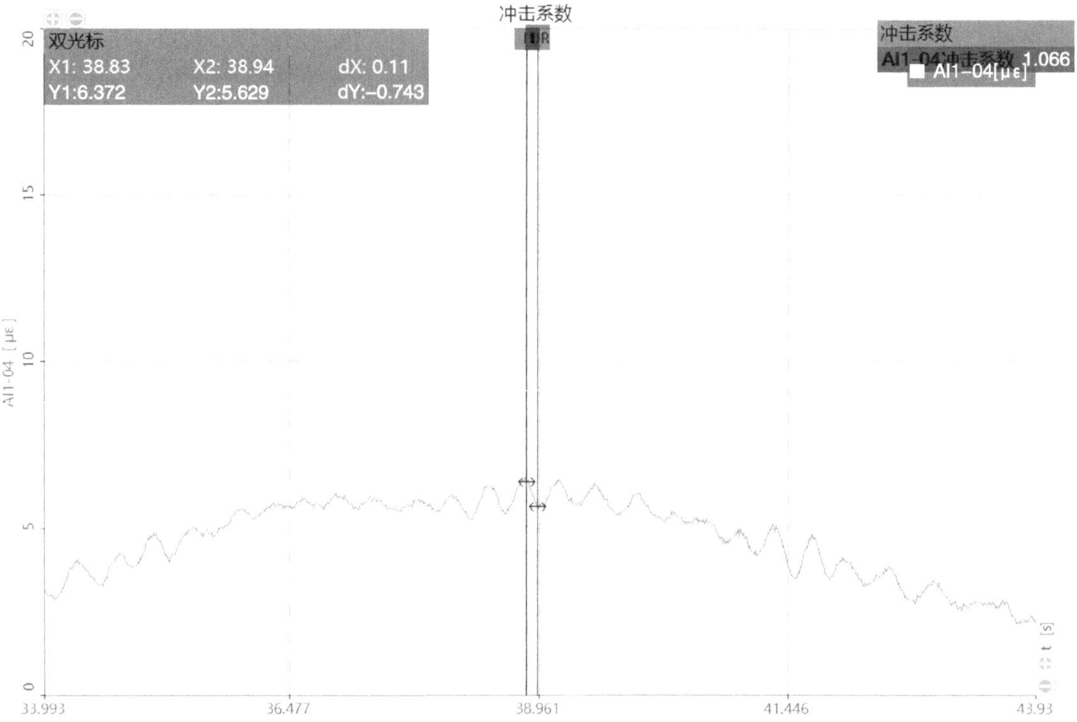

c) 30km/h 跑车下边跨动应变曲线

图 20-14 跑车试验边跨动应变时程曲线图

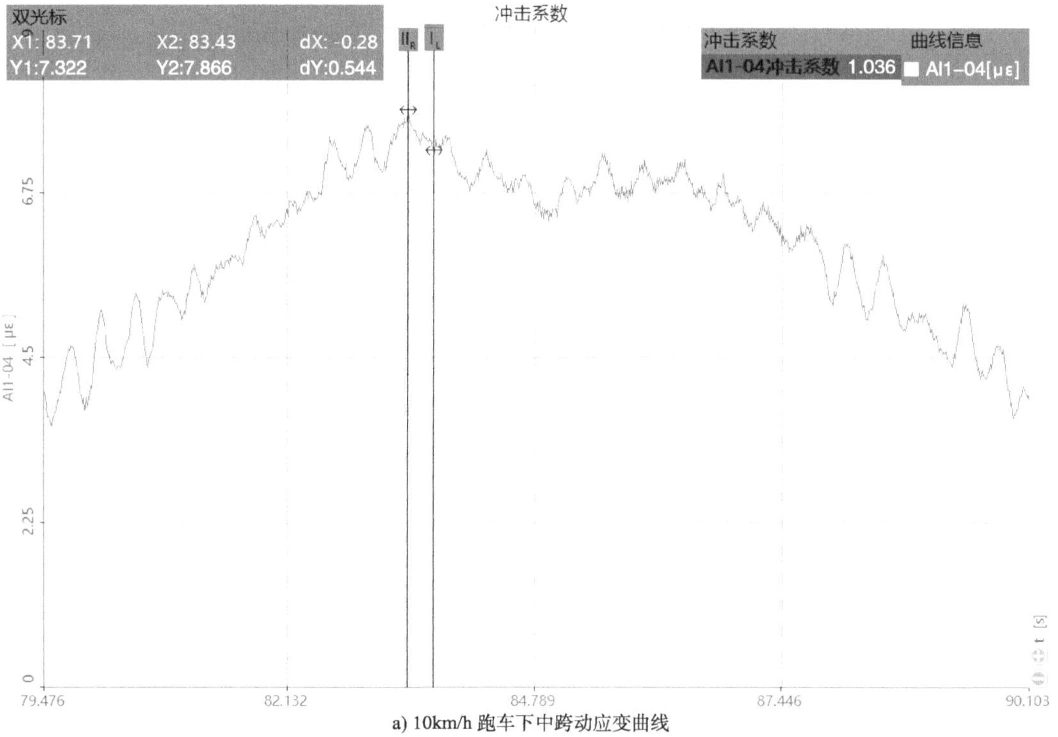

a) 10km/h 跑车下中跨动应变曲线

图 20-15

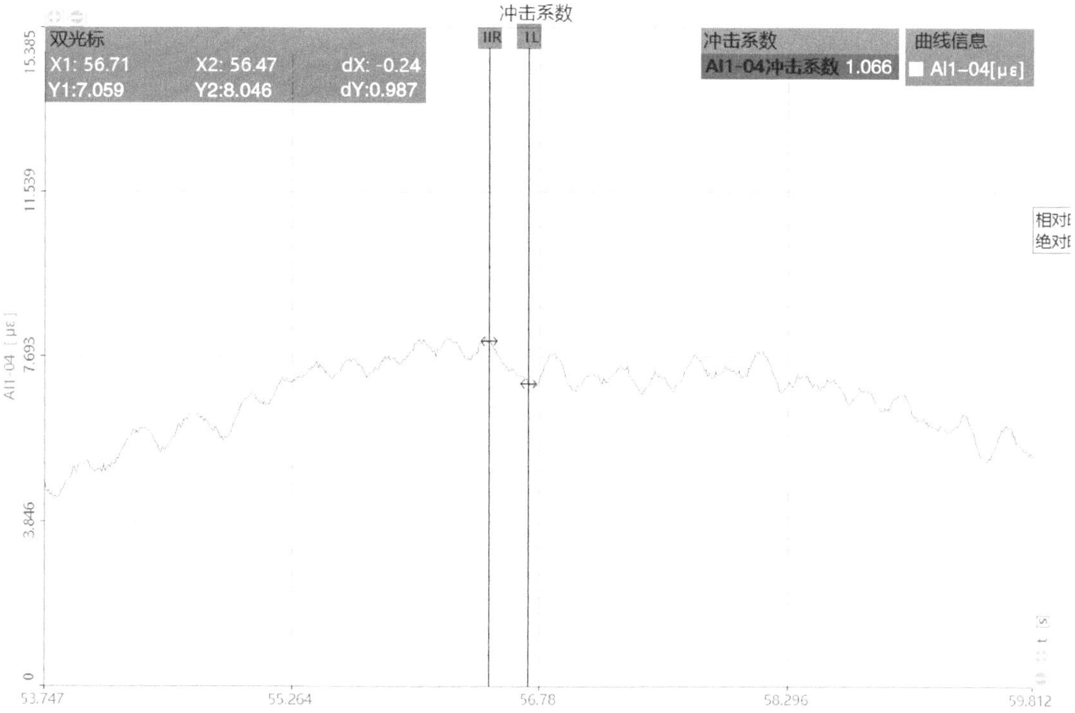

b) 20km/h 跑车下中跨动应变曲线

图 20-15　跑车试验中跨动应变时程曲线图

3. 阻尼比

某大桥跳车试验实测阻尼比见表 20-4，可以看出边跨阻尼比为 0.661%，中跨阻尼比为 0.691%，在合理范围之内。跳车试验跨竖向测点振动时程曲线图如图 20-16 所示。

某大桥跳车试验实测阻尼比　　表 20-4

项目	阻尼比	
	边跨	中跨
实测值(%)	0.661	0.691

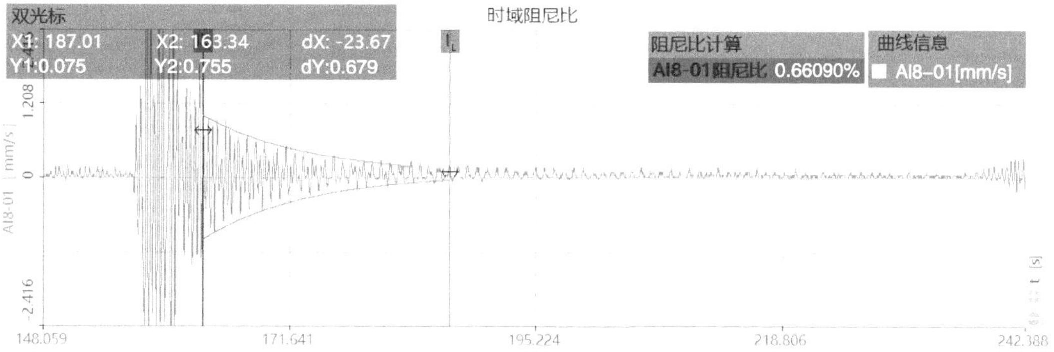

a) 边跨跳车试验竖向测点振动时程曲线图

图　20-16

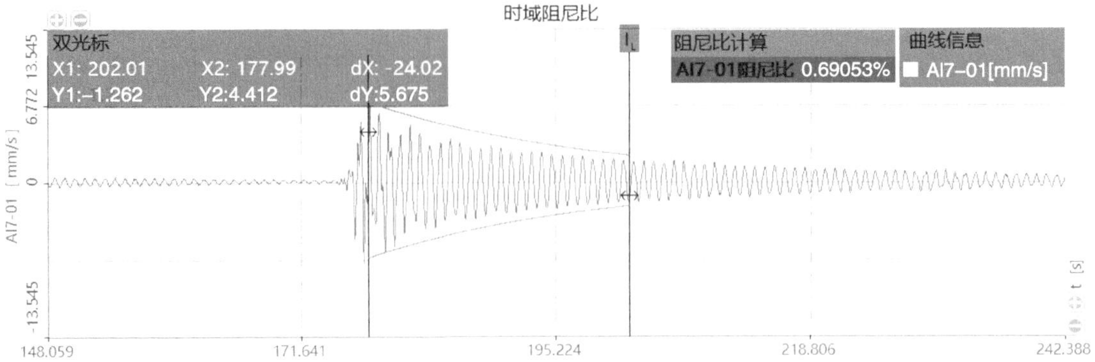

b) 中跨跳车试验竖向测点振动时程曲线图

图 20-16　跳车试验跨竖向测点振动时程曲线图

实 训 总 结

姓名		班级		学号	
起止时间					
实训内容					
实训感悟					
教学改进建议					

参考文献

[1] 中华人民共和国交通运输部. 公路桥涵养护规范:JTG 5120—2021[S]. 北京:人民交通出版社股份有限公司,2021.

[2] 中华人民共和国交通运输部. 公路桥梁承载能力检测评定规程:JTG/T J21—2011[S]. 北京:人民交通出版社,2011.

[3] 中华人民共和国交通运输部. 公路桥梁技术状况评定标准:JTG/T H21—2011[S]. 北京:人民交通出版社,2011.

[4] 中华人民共和国交通运输部. 公路桥梁加固设计规范:JTG/T J22—2008[S]. 北京:人民交通出版社,2008.

[5] 中华人民共和国交通运输部. 公路桥梁加固施工技术规范:JTG/T J23—2008[S]. 北京:人民交通出版社,2008.

[6] 中华人民共和国交通运输部. 公路桥梁荷载试验规程:JTG/T J21-01—2015[S]. 北京:人民交通出版社股份有限公司,2016.

[7] 中华人民共和国交通运输部. 公路钢筋混凝土及预应力混凝土桥涵设计规范:JTG 3362—2018[S]. 北京:人民交通出版社股份有限公司,2018.

[8] 中华人民共和国住房和城乡建设部. 回弹法检测混凝土抗压强度技术规程:JGJ/T 23—2011[S]. 北京:中国建筑工业出版社,2011.

[9] 中国工程建设标准化委员会标准. 超声回弹综合法检测混凝土抗压强度技术规程:T/CECS 02—2020[S]. 北京:中国计划出版社,2020.